贵州财经大学与商务部国际贸易经济合作研究院联合基金项目"基于不动产统一登记的土地资源资产负债核算机制研究"（项目编号：2015SWBZD09）

贵州省公共管理区域内一流学科建设项目

基于不动产统一登记的
土地资源资产负债核算机制研究

韩德军 著

中国社会科学出版社

图书在版编目（CIP）数据

基于不动产统一登记的土地资源资产负债核算机制研究/韩德军著. —北京：中国社会科学出版社，2018.12
ISBN 978-7-5203-3723-6

Ⅰ.①基… Ⅱ.①韩… Ⅲ.①土地资源—资源核算—研究—中国 Ⅳ.①F323.211

中国版本图书馆 CIP 数据核字（2018）第 283210 号

出 版 人	赵剑英
责任编辑	刘晓红
责任校对	孙洪波
责任印制	戴　宽

出　　版	中国社会科学出版社
社　　址	北京鼓楼西大街甲 158 号
邮　　编	100720
网　　址	http://www.csspw.cn
发 行 部	010-84083685
门 市 部	010-84029450
经　　销	新华书店及其他书店
印　　刷	北京明恒达印务有限公司
装　　订	廊坊市广阳区广增装订厂
版　　次	2018 年 12 月第 1 版
印　　次	2018 年 12 月第 1 次印刷
开　　本	710×1000　1/16
印　　张	13.75
插　　页	2
字　　数	186 千字
定　　价	66.00 元

凡购买中国社会科学出版社图书，如有质量问题请与本社营销中心联系调换
电话：010-84083683
版权所有　侵权必究

序

党的十八届三中全会通过的《中共中央关于全面深化改革若干重大问题的决定》（以下简称《决定》）明确提出了"加快建立国家统一的经济核算制度，编制全国和地方资产负债表"及"探索编制自然资源资产负债表"，对领导干部实行自然资源资产离任审计。字面上，自然资源资产负债表沿承国家资产负债表（SNA）的形式，用于核算自然资源实物和价值的存量及变化量，旨在成为国民经济核算的重要组成部分。现实中，由于各种自然资源均具有区别于人类社会资产的自然属性，而且其各自社会经济属性也有较大差别。因此，自然资源资产负债表无法照搬国家资产负债表框架，目前为止，无论在国内还是国外，既无法找出编制自然资源资产负债表的国际规范与实践，也极少见到与之相关的理论探讨。可见，研究自然资源资产负债表编制技术方法，并对自然资源核算、会计和审计等相关跨学科理论加以创新研究，是目前亟待解决的问题。

目前，对于自然资源资产的核算，能够见诸于澳大利亚、英国、加拿大、日本等国家的国家资产负债表的自然资源账户，各国都依据本国自然资源管理的特点，设计了各自的自然资源核算框架。中国的国家资产负债表处于试验编制阶段，对于自然资源资产负债表编制的研究也尚处起步阶段。

联合国的综合环境与经济核算体系（SEEA）包括矿产和能源资源、土地资产、土壤资源、木材资源资产、水生资源资产、其他生物资源和水资源资产七组账户，但是由于中国资源分类机制和分管部门与国际惯例不同，国家统计局与多部门联合首先对土地资源、森林资源、水资源和矿产资源等几种自然资源进行核算。贵州省、深圳市等省市对自然资源资产负债表的编制进行了首批试点，各地借鉴SEEA2012并结合中国自然资源管理和统计的特点，对自然资源资产负债表的核算框架进行了研究和探索。在此基础上，2015年11月《国务院办公厅关于编制自然资源资产负债表试点方案》将内蒙古自治区呼伦贝尔市、湖南省娄底市、浙江省湖州市、陕西省延安市、贵州省赤水市等地列为探索编制自然资源资产负债表的试点地区。在编制过程中，遇到了各种自然资源之间重复核算和账户衔接的问题，鉴于土地资源对所有其他自然资源起到承载作用，而且土地资源统计和产权登记等工作在各类资源管理中也相对较成熟，因此，本书以土地资源为研究对象，对自然资源资产负债表编制理论和实践进行深入研究。

  本书在编著过程中，贵州财经大学硕士研究生冯琪、眭博良、王楠、李儒童、刘晓璐在查询文献资料中做出了贡献，袁霞、龙超洁、龙小敏、段文洁、吕双双在书稿校对中做出了贡献，在此一并感谢。在本书出版过程中，中国社会科学出版社的刘晓红等编辑人员对本书稿进行了认真修订，严谨精神值得钦佩！

目 录

第一章 绪论 ··· 1
　第一节 选题的背景和意义 ·· 1
　　一 研究背景 ·· 1
　　二 编制土地资源资产负债表的意义 ····································· 3
　第二节 国内外研究进展 ··· 6
　　一 国外研究进展 ·· 6
　　二 国内研究进展 ·· 18
　第三节 研究目标、内容和方法 ·· 24
　　一 研究目标 ·· 24
　　二 研究内容 ·· 25
　　三 研究方法 ·· 26

第二章 国民经济科学核算与资源环境可持续利用开发的
　　　 内在联系 ··· 28
　第一节 国民经济核算理论和国际实践 ···································· 28
　　一 国民经济核算理论 ··· 28
　　二 绿色国民经济核算的国际实践 ····································· 31
　第二节 资源环境可持续利用开发的新要求 ····························· 46
　　一 资源环境与可持续利用开发 ·· 46
　　二 资源环境可持续利用开发的新要求 ······························ 50
　第三节 绿色GDP核算的新领域 ·· 55
　　一 绿色GDP核算理论 ·· 55

  二 绿色 GDP 核算内容 …………………………………… 57
  三 对绿色 GDP 核算的几点新要求 ………………………… 59

第三章 自然资源资产负债核算制度 …………………………………… 63
 第一节 国内外自然资源资产负债核算的进展和尝试 ……… 63
  一 国外自然资源资产核算研究现状 ……………………… 63
  二 国外自然资源资产核算的尝试 ………………………… 64
  三 国内自然资源资产核算进展 …………………………… 68
 第二节 中国自然资源资产负债表的提出和试点 …………… 70
  一 中国自然资源资产负债表的提出 ……………………… 70
  二 中国自然资源资产负债表的试点 ……………………… 72
 第三节 自然资源资产负债表核算技术中亟待解决的
     问题 ……………………………………………………… 74
  一 部门之间、学界之间配合程度不高 …………………… 74
  二 目前核算系统不够完善 ………………………………… 74
  三 从实践中积累经验 ……………………………………… 75
  四 兼顾自然资源的经济、社会与生态价值 ……………… 76
  五 兼顾自然资源的数量与质量 …………………………… 76
  六 编制过程中的顺序问题 ………………………………… 77

第四章 基于领导干部离任审计的土地资源资产核算 ……………… 79
 第一节 中国领导干部离任审计现状和未来趋势 …………… 80
  一 中国领导干部离任审计现状 …………………………… 80
  二 中国领导干部离任审计未来趋势 ……………………… 81
 第二节 中国土地资源资产核算现状 ………………………… 85
  一 土地资源资产核算研究现状 …………………………… 85
  二 目前我国土地资源资产核算中待完善的问题 ………… 87
 第三节 基于领导干部离任审计的土地资源资产
     核算扩展 ………………………………………………… 88
  一 我国领导干部土地资源资产离任审计内容 …………… 89

  二 我国领导干部土地资源资产离任审计目标 ········· 91
  三 我国领导干部土地资源资产离任审计原则 ········· 92
  四 基于产权的土地资源资产核算框架 ············· 94

第五章 基于耕地红线/生态红线的土地资源负债核算 ········· 96
 第一节 土地资源负债核算进展 ···················· 96
  一 国际性组织研究环境会计的回顾 ·············· 98
  二 美国的环境会计理论研究 ·················· 98
  三 加拿大的环境会计理论研究 ················· 99
  四 欧洲的环境会计理论研究 ················· 100
 第二节 土地资源负债的定义与内容 ················ 101
  一 土地资源负债的定义 ··················· 101
  二 土地资源负债的内容及特征 ················ 103
  三 土地资源负债的确认与计量 ················ 106
 第三节 土地资源负债理论剖析和账户构建 ············ 108
  一 自然资源负债的理论解释 ················· 109
  二 土地资源负债账户构建原理及实务 ············ 112
  三 土地资源负债核算中尚待研究的问题 ··········· 115

第六章 基于不动产统一登记的土地资源资产负债表
    编制研究 ··························· 117
 第一节 中国不动产统一登记现状及进展 ············· 117
  一 不动产统一登记进展 ··················· 117
  二 现行不动产统一登记存在问题分析 ············ 119
 第二节 土地资源资产负债表与其他自然资源资产
    负债表的逻辑关系 ····················· 125
  一 土地资源资产负债表的功能定位 ············· 126
  二 土地资源资产负债核算与其他自然资源的
    逻辑关系 ························· 127
 第三节 基于不动产统一登记的土地资源资产负债核算

　　　　　框架设计 ································· 130
　　　　一　不动产统一登记与土地资源资产负债核算的
　　　　　联系 ····································· 130
　　　　二　土地资源资产负债核算的优先问题 ········· 131
　　　　三　土地资源资产负债核算框架设计 ··········· 132

第七章　土地资源资产负债核算相关支撑政策及技术分析 ······ 135
　第一节　不动产统一登记制度的完善 ················· 135
　　　　一　完善不动产统一登记制度的原则 ··········· 136
　　　　二　不动产统一登记制度的完善 ··············· 137
　第二节　国土空间规划和监测体制的完善 ············· 140
　　　　一　我国国土空间规划体系存在的主要问题 ····· 140
　　　　二　完善国土空间规划体系的途径 ············· 142
　第三节　土地资源监测技术精度的提高 ··············· 144
　　　　一　土地资源监测的目的、意义 ··············· 144
　　　　二　土地资源监测的技术支撑 ················· 145
　　　　三　土地资源监测技术精度的提高 ············· 146
　第四节　土地资源调查制度的完善 ··················· 148
　　　　一　土地资源调查体制管理与市场经济相结合 ··· 148
　　　　二　在土地资源调查运行机制方面的改善 ······· 149
　　　　三　建立完善的土地调查技术体系 ············· 150
　　　　四　科学规划设计土地资源调查方案 ··········· 150

附　录 ··· 152

参考文献 ··· 196

第一章 绪论

第一节 选题的背景和意义

一 研究背景

2013年中共十八届三中全会通过的《中共中央关于全面深化改革若干重大问题的决定》指出要探索编制自然资源资产负债表,对领导干部实行自然资源资产离任审计,建立生态环境损害责任终身追究制。随后2015年中共中央、国务院印发的《生态文明体制改革总体方案》,也提出探索编制自然资源资产负债表。2015年9月,《国务院办公厅关于印发〈编制自然资源资产负债表试点方案〉的通知》正式提出在内蒙古呼伦贝尔市、浙江湖州市、湖南娄底市、贵州赤水市、陕西延安市开展探索编制土地、林木与水资源实物量资产负债表试点工作[1]。改革开放40年,中国经济取得了举世瞩目的成就。但不可否认的是,中国的环境和生态也遭到了极大的破坏。为了完善环境治理和生态修复制度,加强对领导干部的考核,首次提出了自然资源资产负债表这一新概念。在全面深化改革的新形势下,这一概念的提出,有其重要的历史意义和深远的现实意义[2]。

---

[1] 姚霖、余振国:《土地资源资产负债表编制问题管窥》,《财会月刊》2016年第21期。
[2] 陈红蕊、黄卫果:《编制自然资源资产负债表的意义及探索》,《环境与可持续发展》2015年第1期。

提到自然资源资产负债表，首先想到的是资产负债表，资产负债表也称财务状况表，反映企业（单位）在某一时点占有或使用的经济资源和负担的债务状况，以及企业（单位）的偿债能力和财务前景。资产负债表也是世界各国普遍使用的财务报表。自然资源资产负债表是将一国或地区的所有自然资源资产分类加总形成的报表，它将综合体现某一时点上区域自然资源资产的"家底"、反映一定时期内自然资源的使用状况及其对生态环境的影响。编制自然资源资产负债表，就是要核算自然资源资产的存量及其变动情况，以全面记录当期各主体对自然资源资产的占用、使用、消耗、恢复和增值活动，评估当期自然资源资产实物量和价值量的存量和流量变化，实现对经济社会发展过程中的自然资源消耗及环境损害进行动态监测，进而建立资源负债相关制度体系，以确保生态文明建设与经济建设、政治建设、文化建设和社会建设协调发展。自然资源资产负债表编制的起点是对各类资源分别进行核算，建立各自的核算账户。资源核算，是指对一定时刻一定空间范围内的资源在充分调查、准确测算的基础上进行实物量的核算，以及利用合理的价值评估方法进行价值量估算。以土地资源资产负债表为例，土地资源核算既能够反映某一时点土地资源的存量状况，又能体现核算期内土地资源流量动态。[①]

由于中国提出自然资源资产负债表时间较短，因此，目前这方面的研究尚处于起步阶段，对于自然资源资产负债表理论的创新，以及对于自然资源资产负债表理论与传统理论的衔接[②]，乃至对于自然资源资产负债核算实务的探讨均缺乏深入而且权威的研究，全国乃至世界上尚无公认的核算方案，因此，对于这个方面的研究显得非常迫切。本书便是在这种研究背景下提出此科学问题，有着非

[①] 薛智超、闫慧敏、杨艳昭等：《自然资源资产负债表编制中土地资源核算体系设计与实证》，《资源科学》2015年第9期。

[②] 陈红蕊、黄卫果：《编制自然资源资产负债表的意义及探索》，《环境与可持续发展》2015年第1期。

常重要的理论及现实意义。

二 编制土地资源资产负债表的意义

（一）编制土地资源资产负债表有利于摸清区域土地资源资产"家底"

土地资源资产负债表能够真实反映出特定时间内行政区域（资源区域）内各类型土地的存量与流量、数量与质量情况，着重对湿地、耕地、草地、林地等生态用地的占用、破坏情况及环境损益予以披露，揭示耕地占补平衡、耕地土壤质量、建设用地违规批建、农用地使用类型变更信息，以满足信息使用者了解土地"家底"的需要。①

（二）编制土地资源资产负债表有利于经济的可持续发展

从改革开放至今，我国已成为世界经济发展最快的国家之一，也成为最大的发展中国家，这很大程度上依赖于资源与环境。在经济发展的同时，造成了对资源的过度消耗、环境的持续破坏。如今资源的短缺、环境的恶化问题，在一定程度上影响了经济的可持续发展。例如，某些地方土地资源污染严重，影响了人们的生活与居住，甚至对人们的生命健康安全造成威胁，政府或是企业事后又出资、出力处理资源环境问题；有些地方对资源环境造成的损害是无法挽回的，严重影响经济社会的可持续发展。土地资源资产负债表的编制，引发了社会各界对资源环境问题的重视，不仅有利于调整企业的生产结构，从不同的角度反映企业的成本，更加有利于企业的持续发展，使整个社会产业结构得以调整。通过资产负债表准确反映各种资源的货币价值，才能在重视经济发展的同时，加大对资源环境的投入，从而使资源环境成为经济可持续发展的动力和保障，做到"既要金山银山，也要绿水青山"②。

---

① 姚霖、余振国：《土地资源资产负债表编制问题管窥》，《财会月刊》2016年第21期。

② 杨晓慧、崔瑛：《自然资源资产负债表的编制——基于土地资源核算的研究》，《当代经济》2016年第17期。

(三) 编制土地资源负债表有利于领导干部管理

长期以来，GDP的增长率被作为评估地方官员政绩的最重要指标，造成一些干部不顾本地经济发展实际和资源、环境的承受能力，大搞五花八门的形象工程、政绩工程。边污染边治理，先污染后治理成了常态。很多政府官员在改革开放中，带动了当地经济的发展，成了改革的带头人，却也成了环境的污染者、土地资源的极大浪费者。改革和完善干部考核评价制度，不以GDP来论英雄。编制土地资源资产负债表，不仅要对领导干部实行土地资源资产离任审计，而且要终身追究[①]。

(四) 编制土地资源负债表有利于管理制度的创新，使中国土地资源资产由"管理"迈向"治理"

我国土地资源涉及面广、地理范围大，中央政府统筹兼顾，协调各地政府对资源环境进行管理，同时土地资源又涉及许多的利益主体，在GDP的驱动下，利益主体之间进行利益博弈，单靠政府管理很难解决环境问题。土地资源资产负债表把政绩与生态保护挂钩，资源环境由管理转向治理。吻合于环境保护的大原则就是"谁开发，谁保护；谁受益，谁补偿；谁污染，谁治理；谁破坏，谁修复"。

(五) 编制土地资源负债表有利于健全资产负债表核算体系

随着中国经济的迅猛发展，城市化进程的不断加速，资源的过度消耗，环境的污染与恶化等一系列问题已经成为社会进步、经济持续发展的"瓶颈"。然而，目前我国资产负债表的核算体系很少涉及资源与环境的核算，还仅仅停留在能用货币准确、便捷计量的资产上。[②] 以往的资产负债表核算体系的各项指标不能对企业各项效益进行准确的核算和评价。例如，当前很多企业的发展建立在资

[①] 陈红蕊、黄卫果：《编制自然资源资产负债表的意义及探索》，《环境与可持续发展》2015年第1期。

[②] 薛智超、闫慧敏、杨艳昭等：《自然资源资产负债表编制中土地资源核算体系设计与实证》，《资源科学》2015年第9期。

源的消耗和环境的污染基础上，虽然连年盈利，但是对资源的消耗和环境破坏所造成的经济损失是远远大于企业本身的盈利，且这种损失是很难计量甚至是无法挽救的。

国家提出"探索编制自然资源资产负债表"，并把土地资源纳入自然资源资产负债表核算体系，不仅可以定期定时地反映一定时点上国家各个地区的土地资源存有量、消耗量，还可以通过对土地资源进行货币化计量，让人们特别是企业更加直观地感受到资源环境的价值，从而加强对资源环境的保护，这有利于健全我国资产负债表的核算体系[1]。

（六）编制土地资源负债表有利于合理开发、利用和保护土地资源

中国土地资源开发利用秩序混乱的状况无法根治，土地资源利用率低下，生态环境恶化，归根结底，在于缺乏一个能够有效进行自我调节、自我约束的运行机制和管理手段[2]。土地资源所有者人格化的问题没有解决，使土地资源所有权与开发经营权、使用权不分，形成了谁开发利用就归谁所有，或谁强占就归谁所有的局面。其结果是企业缺乏珍惜、保护土地资源的责任心，乱开滥采经常发生，企业的经营利润往往以大量牺牲土地资源为代价而获得，合理开发、利用和保护土地资源成了只停留在文件上的"空话"。编制土地资源资产负债表不仅要表现土地资源存量和流量，还要表现土地资源质量和土地生态，并用可持续利用考量土地利用的机会成本，能够为政府和企业编制出更清晰和更理性的土地资源资产负债关系体系。

---

[1] 杨晓慧、崔瑛：《自然资源资产负债表的编制——基于土地资源核算的研究》，《当代经济》2016年第17期。

[2] 高忻：《国土资源管理原则与方式》，《中国土地》1999年第3期。

第二节 国内外研究进展

一 国外研究进展

（一）国民经济核算

1. 国民经济核算体系产生前

国际上，国民经济核算体系产生前的国民收入统计，可以分成以民间统计为主和以官方统计为主的两大阶段。

（1）民间国民收入统计阶段

从1665年到第一次世界大战结束（1918年），是以民间国民收入估算为主的阶段，具有民间自发性，即国民收入估算基本上是由个别经济学家或统计学家自己从事的；这个时期并没有系统的方法论研究，而多是为了研究实际经济问题，为了更好地分析现实经济，才在估算方法上有所创新。因而，这一时期还没有形成系统的国民收入统计的概念和方法，估算结果的可信度也较低；估算时间上不连续，这一时期的国民收入统计往往是单次进行的，还没有从时间序列的角度进行分析；这一时期国民经济统计发展比较缓慢。参与此项工作的国家较少，经历了253年，涉及的有英国、法国、俄国、德国、美国、挪威、奥地利和澳大利亚8个国家。

本时期的代表性人物是W. 配第和G. 金。配第是历史上进行国民收入估算的第一人，他在1664年提出应该搞这种估算，并在1665年进行了实际估算，他创立了国民收入这一概念，并在实际估算中使收入等于支出：他的这种"政治算术"，开拓了经济研究的一个崭新领域，使他被誉为统计学的创始人。G. 金是配第的追随者，他对1688年英国国民收入做出了估算，其特点在于：一是分组比较细，把经济活动主体分成26个社会阶层，统计项目也包括收入、支出和储蓄等；二是G. 金进行了英国与法国、荷兰的国际比较，这在世界上是首创的。1758年法国重农学派经济学家P. 魁奈设计出了著名的《经济表》，魁奈虽然坚持唯农业是生产的狭义生产观，但他把国民收入看作部门间的流量，并重视资本存量在扩大国民收入中的作用。《经济表》被认为是投入产出分析、部门间经济流量分析和部门账户的开端。法国化学家 A. L. 拉瓦锡在 1791 年估算法国国民收入时，为了避免重复计算，首次区分了总产品中的中间产品和最终产品。1886—1890 年，澳大利亚统计学家 T. 柯格兰对澳大利亚每年的国民收入进行了估算，他的工作至少有三个方面是具有开创性的：①第一次连续的估计；②第一次从生产、分配和使用三方面来表示国民收入；③第一次提出了采用生产净值指标的思想，即在计算国民收入时扣除了折旧。

（2）官方国民收入统计阶段

第一次世界大战到第二次世界大战之间，即 20 世纪 20 年代到 40 年代，是以官方国民收入统计为主的阶段，其特点在于：①国民收入统计受到了政府的重视。由于政府在经济生活中的作用越来越大，也由于世界各国在发展中遇到了许多重大的经济问题，政府和社会组织需要国民经济总量及其结构方向的信息，因而参与或支持了国民收入统计工作。截至 1939 年，已有苏联、澳大利亚、加拿大、德国、荷兰、新西兰、美国、土耳其、南斯拉夫、瑞典 10 个国家的政府承担了国民收入的连续计算工作。②构建了系统的概念结构。宏观经济理论的产生和发展既为经济总量统计的规范提供了基础，也向国民收入统计提出了客观要求。③由于客观需要的强化和工作条件的改善，对国民收入进行了连续估计，即每年进行一次估算。④时期较短，只有 20 多年的时间，但理论和实践的发展较快，属于国民收入统计发展的超常时期。1918 年估算国民收入的国家只有 13 个，而 1939 年，这个数目已经迅速增加到 30 多个。⑤国际经济比较和国民经济核算开始引起国际组织和官方的注意。1928 年，国际联盟举办了一次有关经济统计的国际会议，旨在鼓励采用一致的方式编制统计资料，会议决议把国际可比性作为经济统计的一个目标。1939 年，国际联盟首次公布了国民收入的估算资料，在其

《世界经济概览》的一张统计表中，列示出了 26 个国家的1929—1938 年整个时期或部分时期的估算结果。①

本时期的代表性人物遍布世界各国，研究也是百家争鸣。1930年，瑞典经济学家 E. 林德尔提出了分析国民经济运行的理论模式，在该模式中，他把国民经济划分为企业、居民、政府和国外，并用收支方程式来反映各部门间的收支平衡关系。这个理论模式与现代国民经济核算体系的基本构造非常接近。1933 年，挪威经济学家 R. 富利斯提出了经济流通体系的设想；1936 年，俄籍美国经济学家 W. 列昂惕夫以瓦尔拉的一般均衡理论为思想基础，对投入产出核算及其应用进行了开创性研究，编制了世界上第一张投入产出表，并于 1973 年因此项研究获得了诺贝尔经济学奖。1937 年，英国经济学家 C. 克拉克在他的《国民收入与支出》估计中，汇集了一系列重要的经济项目：收入、支出、消费者支出、政府收入和支出、资本形成、储蓄、对外贸易等。这些项目间的数字关系，对后来的账户平衡框架建立有很大的启动作用。1971 年的诺贝尔经济学奖获得者、美国经济学家 S. 库兹涅茨总结了以往的国民收入统计，系统地规范了有关国民收入的定义、概念和计算方法，并提出了按市场价格计算国民收入（国民生产总值）的思想，而不仅仅是用要素价格来计算国民收入，扩充了经济总量统计的内容，从而使国民生产总值统计得以系统化。

2. 国民经济核算体系产生后

国民经济核算体系（The System of National Accounts，SNA）是当今世界上绝大多数国家实行的核算制度，它的形成和发展经历了四个时期，即孕育期、初创期、成长期和成熟期。

（1）SNA 的孕育期（1939—1952 年）

1939 年，英国经济学家 J. E. 米德和 R. 斯通开始为英国财政部从事国民收入估算工作，1941 年在英国预算白皮书上发表了其研究

---

① 邱东：《国民经济核算史论》，《统计研究》1997 年第 8 期。

报告——《战时财政资源分析与国民收入和支出估计数字（1938—1940）》。这次估算在方法论上有了重大突破：把收入和支出联系进行估算；采用会计的账户形式；对国民生产采用总值和市场价格的概念来计算，在实践上更为可行。

1941年，E. V. 克利夫在荷兰《经济学家》杂志上发表了两篇有关国民经济核算的文章，并第一次提出了"国民经济核算"的概念。这一系列工作可以认为是国民收入统计向国民产品和收入核算和SNA过渡的开端。

1944年和1945年，来自美国、加拿大、英国和北爱尔兰的代表讨论了经济统计的国际比较问题，其结果是有关国民经济估算的要领方法和表达形式的最早国际协议。

第二次世界大战之后，国民经济核算的研究加速进行。第二次世界大战结束时，在国际联盟统计专家委员会之下成立了有关国民收入的统计分会，该分会由欧洲、北美和澳大利亚等国家直接指导编制国民收入和相关估计的专家组成。英国经济学家斯通所领导的专家小组为国联起草的统计分会报告——"国民收入的计量和社会账户的建立"于1947年公布，这可以看作是SNA的胚胎形式。

1950年，联合国统计署已经能够从41个国家的原始资料中为"1938—1948年的国民收入统计资料"收集国民收入的估计值。

1950年，欧洲经济合作组织公布了《简明国民经济核算体系》，以供会员国估算之用，经过修订，1952年又公布了《国民经济核算标准化体系》，这都是国民经济核算体系正式形成过程中的中间结果。

（2）SNA的初创期（1953—1967年）

1953年，以联合国统计委员会的名义公布了"国民经济核算体系及其辅助表"，这标志着SNA的正式诞生，国际的国民经济核算工作开始脱离了无序状态。[1]

---

[1] 邱东：《国民经济核算史论》，《统计研究》1997年第8期。

1952年出版的《美国货币流量的研究》中，美国经济学家M. A. 柯普兰首次提出将资金流量表与国民收入核算结合在一起，以全面反映一国的货币收支情况。柯普兰创立的资金流量是对传统金融统计的重大变革。

1953年SNA问世时，就对体系结构有过一个系统的构想。当时打算把投入产出核算、国际收支核算、资金流量核算等纳入体系，但由于理论和实践准备不足，没有能够如愿。当时和以后对资金流量核算、国际收支核算和资产负债核算的研究，客观上成了SNA（1968年）内容扩充的前期准备。

SNA（1953年）文本提出："本报告的目的在于制定一套标准的国民经济核算体系，以便提供一个具有普遍适用性的报告国民收入和生产统计的框架。"

SNA（1953年）文本的重心在于国民收入与生产核算，它对核算内容的体系还只是初步的。可以说，国民收入与生产核算是传统国民收入统计到现代国民经济核算的中间过渡形态。在1960年和1964年，又对SNA进行了两次小的修订。这两次修订可以看作是1958年核算内容扩充的前期尝试。

美国经济学家B. 戈德史密斯在第二次世界大战之后对国民资产负债表和国民财富表的编制进行了系统研究，在美国国情普查局研究的基础上，又取得了突破性进展。1962年，该项研究成果公开发表。

英国经济学家、1977年诺贝尔经济学奖获得者J. E. 米德在1951年出版的名著《国际收支》一书中，首次把国民收入与国际收支联系起来，分析了两者变动的相互影响，这为后来把国际收支核算纳入国民经济核算体系提供了理论支持。

与1947年核算报告不同，1953年体系明显考虑到了发展中国家的需要，并特别重视与其他统计国际标准的协调，因而得以逐步推广。从1958年开始，各国反馈的核算信息公布在国民经济核算统计年鉴上，第一本年鉴列示了 70 多个国家和地区的核算统计资料①。

(3) SNA 的成长期（1968—1992 年）

1968 年是经济统计史上具有里程碑意义的一年，原因之一便是 SNA 经重大修订后公布于世。经国民经济核算专家们的精心设计和开发，SNA 吸纳了在开创之初还难以包容的部分：投入产出核算、资金流量核算、国际收支核算等，另外，对资产负债核算纳入体系也作了前期准备。由此，SNA 集宏观经济统计之大成，基本完成了核算框架的构建。

1968 年的 SNA 设计了一套容量为 20 个账户的体系，账户分为三大类：第一类是国家的合并账户，第二类是生产、消费支出和与资本形成有关的账户，第三类则是和收入与支出、资本筹集有关的账户。此外，还有一套 26 张核算辅助表和补充表，以全面系统地反映国民经济运行状况。

1953 年核算体系建立后，又经历了两次修订，但 1968 年公布的核算体系，是最大的一次修订。因而从统计方法看带有革命的性质（1968 年 SNA 的修订和 ICP 的确立被认为是统计界的两大革命）。两者相比，1968 年体系有以下几个特点：

第一，核算内容范围的扩展。在建立核算体系之初，就曾考虑过对投入产出、资金流量和国际收支等方面的核算，但那时条件还不成熟。经过十多年理论和实践的研讨，1968 年体系正式纳入投入产出核算、资金流量核算、国际收支核算。同时也对资产负债核算作了试验性的规定，这样，SNA 形成了一个包括五大核算系统的、内容较为完整的新体系，核算内容的范围大大地扩展了。

第二，核算方法的改进。随着核算内容的扩展，SNA 又采用了矩阵式平衡表作为新的核算手段，从而形成了一个以账户式平衡表为基本形式、以矩阵式平衡表为综合形式、以单式平衡表为补充形

---

① 邱东：《国民经济核算史论》，《统计研究》1997 年第 8 期。

式的核算系列。这种改进适应了核算内容扩充的要求。

第三，核算的内容的标准化和深化。分类更为详细，总量指标得到进一步分解，标准得到改进，概念和定义得到修正和明确的解释。

第四，按固定价格来计算总量指标，适应了经济分析的需要。

但SNA（1968年）文本偏重于体系的精美，对其应用的可行性重视不够。

（4）SNA的成熟期（1993年以后）

1993年，五个国际联合组织修订的SNA得以公示，这次修订标志着SNA的成熟，SNA（1993年）文本的特点可概括为四点：更新、简化、澄清和协调。

"更新"并不是对核算体系内容结合的重建，而是为了适应国际经济发展变化而补充或强调的一些新内容。自1968年以来，25年的变化要求核算制度做出相应的变化。通货膨胀的突出、政府作用的转变、服务业的发展、金融业的复杂化、环境与经济交互作用的强化等，促使核算制度的更新。

"简化"是对核算人员工作的简化，通过对核算基础原理的系统说明，使核算人员能够在不同的情况下或新情况下做出必要的变通处理。

"澄清"是核算原则和一些特殊问题的阐明，以减少校算体系的复杂性。

"协调"是使SNA与其他国际统计标准更为一致。

总之，1993年核算制度的改造主要是使SNA更加可行，更加容易被接受。[①]

3. 东方体系MPS

（1）MPS的发展历史

在SNA之外，还曾经并行存在过一个国际核算体系，即物质平

[①] 邱东：《国民经济核算史论》，《统计研究》1997年第8期。

衡表体系（The System of Material Product Balances，MPS）。MPS 由原苏联始创，主要为原经互会国家使用。

早在 1918 年，苏联就编制了谷物饲料平衡表。后来，苏联统计局局长 P. I. 波波夫领衔物质平衡体系的创立和改进工作。1926 年，公布了"苏联 1923—1924 年国民经济平衡表"，这是官方国民收入统计实践的一个创举，平衡表采取了将多个收付平衡表并列组合的方式，其内容有生产部门的划分、产品的生产和分配等，它对投入产出表的产生有不可低估的影响。

在 20 世纪 30 年代，苏联又根据马克思在《哥达纲领批判》中的著名公式，设计了价值平衡表，不仅从实物角度，而且从价值角度进行平衡统计工作。苏联的国民经济平衡统计工作在世界上曾一度居于领先地位，物质平衡表体系是世界上第一个官方核算体系，苏联是这类体系的始创者。

1950 年，在经过多年的理论研究和核算实践基础上，苏联中央统计局统一制定了一系列国民经济平衡表。这主要包括：①国民经济综合平衡表；②国民经济劳动资源平衡表；③社会产品生产、消费和积累平衡表；④社会产品分配平衡表；⑤财政平衡表；⑥固定资产平衡表等，从而形成了以国民经济综合平衡表为中心的包括人、财、物平衡表在内的物质平衡表体系。1957 年，这一体系在全苏联统计工作大会上讨论通过后得到全面执行，并逐步推广到原经互会国家。

在国际上，1965 年开始 MPS 得到系统阐述，1971 年，正式制定了《国民经济平衡表体系的基本原理》，并以联合国统计委员会的名义公布。1984 年，经互会统计合作常设委员会又对 MPS 进行了重大修订，形成了所谓新 MPS——《编制国民经济统计平衡表的基本方法原则》。这个文件与原 MPS 相比，增加了部门联系平衡表、居民收入和消费指标、非物质服务平衡表，并扩展了劳动平衡表，由原来的 5 张表增加为 8 张表，内容上有了较大突破。

1990 年以后，随着苏联的解体，东欧国家的转型，也由于 MPS

自身的重大缺陷，东方体系被宣布放弃，原使用国家开始着手核算制度的改革，向 SNA 过渡。

（2）MPS 的历史作用

MPS 对原经互会国家的历史作用在于：满足了当时历史条件下国民经济管理对经济统计核算的要求。MPS 对核算本身的作用在于：协调使 SNA 完善，竞争使 SNA 发展。SNA1968 年文本曾指出："近年来对促使 SNA 和《国民经济平衡表体系的基本原理（MPS）》两者更为接近所作努力的结果，也有助于新体系中定义和分类的改进。"可见 MPS 作为两大体系之一，其存在本身就是使 SNA 更加科学的一股实在力量。

（3）两大核算体系的比较

作为对社会经济进行计量与分析、对宏观经济进行管理的国民经济核算体系，SNA 与 MPS 有其共同点，这表现在：

第一，产生的客观基础。二者的产生都是随着生产社会化的发展，为了加强国家控制、调节经济职能而需要，以某种形式对社会产品、国民收入运动进行核算。因此，两大核算体系都用一定的方法和形式，和一系列经过分类分组和计量的统计数字来说明一个国家或地区在一定时期内社会再生产各个环节、各个部门的活动过程和结果，以及这些环节和活动之间的内在联系。

第二，指标体系的建立。它们都以反映社会产品和国民收入的生产、分配、使用等主要经济活动的过程为基础。即一些部门进行了生产，产出一定的使用价值，从而取得相应收入。这些收入要进行分配，形成各个部门的最终收入和最终使用。因而，两大国民经济核算体系模式都有生产、分配、使用方面的指标。

第三，平衡原则。两大核算体系都遵循了以下平衡原则，即生产范围划到哪里，生产成果就计算到哪里，中间消耗和最终使用也就计算到哪里，原始收入与派生收入、初次分配与再分配也就在哪里分界。因此，从整个国民经济运行看，做到了不重复计算，也无遗漏计算。

MPS 和 SNA 两大体系,虽然都是以联合国名义公布的,但实际上 MPS 出自经互会统计学家之手,而 SNA 则主要是由经济发达国家的经济学家设计的。两者在核算体系上主要区别表现在以下几个方面:

第一,两大体系产生的现实经济基础不同。MPS 产生于计划经济土壤,经互会国家又大多处于经济不发达状况,因而在核算体系设计上反映出这两大特征。SNA 产生于市场经济土壤,其设计者又多数是来自发达国家,因而,SNA 的内容不可避免地会较多反映发达国家市场经济的现实。

第二,两大体系的核算范围不同。从核算内容上看,MPS 核算范围过窄,既侧重于反映物质生产,又侧重于反映实物流量;既侧重于物质生产环节的核算,又侧重于国内经济活动的核算,对第三产业的状况、对资金运动状况、对分配和使用状况、对国际收支状况反映不力,难以适应现代经济社会中宏观经济管理对核算的要求。

第三,两大体系的核算方法不同。SNA 以账户平衡表为主要核算形式。采用复式记账方式,可以系统地、科学地反映国民经济运行全过程。MPS 以单式平衡表为主要核算形式,采用单式记账方式。核算时往往注重平衡表内的平衡关系,而不大注意平衡表间的平衡关系,没有在方法上形成一个整体结构。这就难以系统反映整个国民经济运行过程及各种经济活动间的联系。[1]

(二) 资源资产化管理

资源资产化思想可以追溯到 17 世纪的威廉·配第,其著名的论断"劳动是财富之父,土地是财富之母"是资源资产化价值论的最早萌芽。随后 18 世纪和 20 世纪初,亚当·斯密、杰文斯、李嘉图、马歇尔等经济学家从自由市场的"稀缺"层面研究了经济与自然资源的关系,并得到了较为一致的结论:自然资源的稀缺可以通过市场价格机制得到解决,即用价格的形式来体现稀缺资源的价值,实现

---

[1] 邱东:《国民经济核算史论》,《统计研究》1997 年第 8 期。

对资源的资产化管理。从20世纪初期，资源资产化管理被当作一门经济学研究，其开创者是美国的R. T. Ely 和 E. W. Morehou，他们在1924年合作出版的《土地经济学原理》被认为是资源经济学学科建立的奠基之作，也是资源资产化思想的源泉。随后，H. Hotelling在1931年发表了《可耗竭资源经济学》，提出了资源耗竭理论，即著名的"候太龄定律"。20世纪70年代末，随着生态保护主义运动的深入，资源资产化理论进入辉煌时期。以Charles W. Howe的《自然资源经济学》为代表作，重点论述了资源经济问题，讲述自然资源的非市场效益的评价、稀缺度量和自然资源最优利用等。到了20世纪80年代，资源资产化的理论研究更加成熟，出版了美国阿兰·兰德尔的《资源经济学》，利用经济学理论和定量分析方法来揭示、分析、评估和指导关于资源和环境方面的政策，实现资源资产化管理。[①] 国外十分重视对资源资产的计量与核算，1978年，挪威最早开始了资源环境核算，其环境账户以国民经济为模型，作为决策者评估能源交替增长的工具。1987年，挪威国家统计局和能源委员会提交了《挪威自然资源核算》的研究报告，将自然资源分为实物资源和环境资源两大类。芬兰政府建立的自然资源核算体系框架，涵盖了森林资源核算、环境保护支出费用统计和空气排放调查，随后展开了大范围的环境价值核算研究。欧盟在总结挪威、芬兰两国实践经验的基础上，提出了包括环境账户的国民核算矩阵（NAMEA）。1985年，荷兰中央统计局开始进行土地、能源、森林等方面的核算，荷兰是最早提出排放量核算的国家，荷兰的水资源核算主要借鉴了联合国环境经济核算（SEEA）的框架体系和核心范围。1987年，法国统计和经济研究所发表《法国的自然遗产核算》，1989年又发布了一系列在国际上有较大影响的研究成果，如《环境核算体系——法国的方法》。1990年，墨西哥把石油、土地、水、空气、森林纳入环

---

① 申健：《资源资产化管理的理论与实践研究——以国土资源管理为例》，硕士学位论文，安徽农业大学，2007年。

境经济核算范围，率先实现了绿色 GDP。1993 年，美国建立了反映环境信息的资源环境经济整合账户体系。同期，日本开始进行本国 SEEA 的构造性研究，建立了较为完整的 SEEA 实例体系，并给出了 1985 年和 1990 年日本绿色 GDP 的初步估计。日本设计了环境核算账户（EMA），以利于其商业生产和消费的可持续发展。澳大利亚在 SEEA—2012 的基础上，结合本国实际情况进行扩展，编制土地账户进行核算。部分发展中国家也加入了自然资源核算研究的行列。1989 年，印度尼西亚对森林、石油储量和土壤的资产进行了折旧评估。1996 年，印度尼西亚完成了本国 1990—1993 年的自然资源环境账户核算。类似地，菲律宾建立了环境与自然资源核算工程（ENRAP），1990 年，菲律宾建立了包括非市场商品和服务等一切经济投入产出的环境账户。印度从木材生产、碳储量、薪材使用和非林产品收益四方面研究了森林资源价值核算。博茨瓦纳将自然资源核算作为自然资源管理的工具，并在矿产资源和水资源等领域展开了研究。目前，得到广泛认可的自然资源核算体系是联合国等五大机构联合颁布的 SEEA—2003。1993 年，联合国统计署构建了综合环境经济核算体系（SEEA—1993），作为国民经济核算体系（SNA—1993）的附属卫星账户。这是首次把经济核算的资产边界扩大到自然资本，资源核算第一次受到国际关注。随后，加拿大和澳大利亚开始研究资源存量核算，德国开始探索土地利用和土地覆盖核算。2001 年，联合国可持续发展委员会（CSD）专家工作组第一次发布了《环境管理核算的规程与原则》。在总结各国实践经验的基础上，联合国统计委员会发布了 SEEA—2003 核算手册。这本核算手册由 4 组账户组成，并分别讨论了具体的核算方法，汇聚了多年来环境经济核算领域的研究成果，进一步明确了核算过程中涉及的核算对象和核算方法。2014 年，联合国统计署等国际机构正式发布了《2012 年环境经济核算体系：中心框架》（SEEA—2012），这是首个环境经济核算体系的国际统计标准。由此可见，自然资源核算已经受到世界各国的高度重视，发达国家和部分发展中国家政府都致力于把自然资源核算理论应用于实践的研究，建立本国的自然资源核算体系①。

（三）土地资源价值核算

国外对土地资源价值的研究涉及土地资源的划分、土地价值的影响因素、土地资源管理等多方面的研究。David Pearce 针对土地资源和水资源对发展中国家的自然资源价值进行了研究，并强调了土地资源等自然资源管理的重要性。Erin O. Sills、Jill L. Caviglia – Harris 分析了马来西亚土地价值的影响因素，发现投资建农场或建住房对土地价值的提高最为明显，森林覆盖或其他用途均没有建农场的价值更具有可持续性。Doron Lavee 针对土地用于交通运输项目的价值进行了研究，构建了基于土地价格弹性和未来土地用途的经济模型，并根据以色列有关数据论证了该模型在分析运输项目土地价值的可行性。N. J. Sutton 对土地农用价值的估算方法进行了阐述，通过对阿帕拉契山脉中部和南部地区案例研究发现，一个地区的平均农业土地价值不能准确预测该地区土地保护区的收购成本②。

二 国内研究进展

（一）国民经济核算

1. 中国国民经济核算的建立与发展

中国最早的国民收入核算，是由国民党时期的中央研究院社会研究所巫宝三教授主持进行的，他编制过 1933 年、1936 年和 1937 年中国的国民所得。在联合国出版的《国民收入统计（1938—1947年）》中收入了巫宝三提供的有关数据。

自 1949 年以来，随着社会生产力的发展、经济体制的变化和核算水平的提高，中国国民经济核算也得到了相应的发展。我国国民经济核算体系总的来说经历了三个阶段变化，目前世界上国家国民

---

① 孔含笑、沈镭、钟帅、曹植：《关于自然资源核算的研究进展与争议问题》，《自然资源学报》2016 年第 3 期。

② 向书坚、朱贺：《政府资产负债中土地资源核算问题研究》，《财政研究》2017 年第 7 期。

经济核算体系不外乎联合国推荐的两种国民经济核算体系,其一是物质产品平衡体系(MPS),其二是国民账户体系(SNA)。中国的国民经济核算体系总的来说经历了从 MPS 到 SNA 的转变过程。

2. MPS 的引进和发展期(1984 年以前)

中国的国民经济核算始于新中国成立初期。1952 年,刚刚成立的国家统计局在全国范围内开展了工农业总产值调查,建立了工农业总产值核算制度。后来,从工农业总产值核算扩大到农业、工业、建筑业、运输业和商业五大物质生产部门总产值核算,即社会总产值核算。从 1954 年开始,国家统计局在学习苏联国民收入统计理论和方法的基础上开展了国民收入的生产、分配、消费和积累核算。1956 年,国家统计局派团对苏联国民经济核算工作进行了全面考察,随后在中国全面推行 MPS 体系,先后编制了社会产品生产、积累和消费平衡表、社会产品和国民收入生产、分配、再分配平衡表、劳动力资源和分配平衡表等。然而,正当这些平衡表的编制工作刚刚起步时,恰逢"大跃进"时期的"反教条主义运动",这些平衡表的编制工作受到了批判,多数平衡表的编制以过分烦琐为由被叫停,中国的国民经济核算工作遭受了第一次大挫折。"文化大革命"期间,又遭受了第二次大挫折。这期间,统计机构被撤销,统计工作人员被下放,国民经济核算工作完全陷入停顿状态。"文化大革命"之后,中国的国民经济核算工作陆续恢复和发展。首先,恢复了 MPS 体系的国民收入核算,并通过重新收集资料和加工整理,补充计算了中断 10 年的国民收入数据,随后又编制了 MPS 体系的投入产出表。

3. MPS 与 SNA 共存(1985—1992 年)

MPS 体系的国民收入反映的是物质生产部门,即农业、工业、建筑业、运输邮电业和商业饮食业的生产活动成果,不能反映非物质服务业的生产活动成果。改革开放以后,非物质服务业,如金融保险业、房地产业、教育事业等获得了迅速的发展,并在国民经济中发挥了越来越重要的作用。宏观经济分析和管理部门需要了解这方面的情况,以便研究和制定正确的服务业发展政策,协调各产业部门健康发展。为适应宏观经济分析和管理的需要,国家统计局在1985年建立了 SNA 体系的年度 GDP 生产核算,1989年建立了年度 GDP 使用核算,即支出法 GDP 核算,1992年建立了季度 GDP 生产核算。GDP 核算的建立标志着中国国民经济核算体系从 MPS 体系向 SNA 体系转换时期的开始。在这个转换过程中,MPS 体系的国民收入和 SNA 体系的 GDP 在中国国民经济核算体系中的地位逐步发生变化。在转换初期,国民收入仍然是这个体系中的主要总量指标,GDP 处于附属地位,主要用于弥补前者不能反映非物质服务业生产活动成果的不足。在转换后期,GDP 演化为这个体系中的主要总量指标,国民收入演化为这个体系中的附属指标,主要用于国民经济总量指标历史数据的比较。1993年,以取消 MPS 体系的国民收入为标志,中国国民经济核算体系完成了从 MPS 体系向 SNA 体系的转换过程①。

4. MPS 消亡与 SNA 建立（1993年以后）

随着 SNA 逐步在我国建立,MPS 也结束了自身历史任务并走向消亡,MPS 在中国消亡的原因有三个:其一,社会主义市场经济理论的确立,使 MPS 失去了生存条件。1992年10月,党的十四大提出改革开放的时间发展要求,邓小平同志提出了社会主义也可以搞市场经济的思想,实现了社会主义经济理论的重大突破,也使 MPS 失去了生存的条件与空间。其二,MPS 越来越难以满足我国宏观经济管理的需要。MPS 在反映国民经济发展变化方面的缺陷和不足越来越明显,它的生产范围狭窄性、反映不同类型市场主体的经济地位及其相互联系和相互作用的无力性、核算原则的非市场性、反映开放经济的不合理性、核算方法的单一性等,已经同社会主义市场经济要求相去甚远。其三,MPS 的国际通用性渐渐减退。最早使用

---

① 许宪春:《中国国民经济核算体系的建立、改革和发展》,《中国社会科学》2009年第11期。

MPS 的苏联和东欧国家由于政治社会和制度的变革，于 20 世纪 90 年代纷纷废除 MPS 而转向实行 SNA，1993 年联合国统计委员会第 27 届会议通过决议，取消 MPS，在全世界范围内实行 SNA，因此 MPS 失去了国际通用性。我国也从 1993 年起，依据 1993 年 SNA 的标准对国民经济核算进行重大修改，MPS 也在我国彻底消亡[①]。

(二) 资源资产化管理

我国资源资产化研究起步较晚。20 世纪 80 年代以前，对资源经济问题的研究一般仅局限于自然资源综合考察、区划和地理研究。真正较系统地研究资源资产化是在 20 世纪 80 年代以后，鉴于中国经济所处的过渡经济体制特征，长期以来，理论界的研究主要集中在自然资源的价格理论和自然资源的使用制度研究两大方面。1984 年，牛若峰以美国《自然资源经济学》(1979 年) 和苏联《自然资源利用经济学》(1982 年) 为基础编写了《资源经济学和农业自然利用的经济生态问题》。1988 年，国务院发展研究中心和美国世界资源研究所合作开展"自然资源核算及其纳入国民经济核算体系"的研究。同年，国家环保局按照世界银行"扩展的财富"的理论和方法，对 1978 年以来我国的国民储蓄率进行核算，侧重于将自然资源核算纳入国民资产负债核算研究。1989 年，《中国环境年鉴》首次出版。截至 1993 年，倪祖彬、刘书楷、许涤新、马传栋、黄亦妙、樊永廉、陈迭云、黄鸿权、史忠良、程鸿等先后编著了一些有关资源经济问题的著作，其最明显的一个特点是，较注重政府管理研究，忽视市场机制利用研究。所有这些研究工作，在丰富和发展了我国资源经济学的同时，促进了资源资产化管理理论的发展，并开始指导现实生产生活。1993 年后，强调综合运用新制度经济学研究资源资产优化配置问题，研究大多集中在产权制度改革、引入市场机制和激励性机制手段方面，包括公共资源补偿机制、外部性激励与抑制机理、资源代际管理机制优化、可持续发展

[①] 朱启贵：《国民经济核算在中国》，《统计研究》2002 年第 7 期。

经济机制、环境经济手段、排污权交易、经济激励机制、资源产权市场化等方面。1994年，国务院审议通过《中国21世纪议程》，提出在建立社会主义市场经济体制中，充分运用经济手段，促进保护资源和环境，实现资源可持续利用。2001年，国家统计局以重庆作为试点开展资源环境核算，为绿色GDP核算奠定基础。2003年，国家统计局试编了《全国自然资源实物量表》，涵盖土地、矿产、森林、水4种自然资源。2004年，国家统计局、国家环保总局联合开展了中国环境与经济绿色GDP核算研究。2005年3月，国家环保总局和国家统计局启动了10个"绿色GDP"试点省市。2006年9月，国家环保总局和统计局联合发布了《中国绿色国民经济核算研究报告（2004）》。2013年5月，国家统计局和林业局联合启动了中国森林资源核算及绿色经济评价体系研究，利用第八次全国森林资源清查结果和相匹配的全国生态定位站网络观测数据，对全国林地林木资源价值和森林生态服务功能价值进行了核算。2014年10月，国家林业局和国家统计局联合在北京发布了中国森林资源核算研究成果。2015年，环保部政策法规司司长李庆瑞介绍说，国家重新启动"绿色GDP"核算研究项目。

中国学者探讨自然资源价值问题的理论起点是马克思的经济学遗产。针对马克思自然资源无价值的命题可归结为四种不同的观点：第一种观点认为，自然资源无价值但有价格，自然资源的价格是地租的资本化。第二种观点是完全否认自然资源无价值的命题。其中比较有代表性的论述是："自然资源是有价值的，这种价值决定于自然资源对人类的有用性、稀缺性和开发利用条件。我们设想可以在有关自然资源的财富论、效用论、地租论的基础上确立起自然资源价值观和价值理论。这样确定的自然资源价值或价格，应该包括两个部分：一是自然资源本身的价值。二是社会对自然资源进行的人财物投入的价值。前者，可根据地租理论确定，后者，可根据生产价格理论确定。""自然资源再生产过程是自然再生产过程和社会再生产过程的结合。按照现行的生产价值理论，只会考虑社会再生产过程，而不考虑自然再生产过程，这是不对的。对自然资源的定价，应兼顾这两个方面，即按完全生产价格等于地租加成本再加利润的原则来确定"。第三种观点是在肯定劳动价值论的前提下，认为自然资源在人类经济社会初期没有价值，但在当代却有价值。第四种观点认为，将地租同代际补偿问题联系起来，地租就是自然资源的价值。"将与自然资源相联系的代际关系概括为：上一代人用自然资源替代或节约了劳动和资本，下一代人用上一代人节约的劳动和资本替代已经耗竭或退化了的自然资源。自然资源的代际均衡条件是，当代人积累的地租能补偿将来发生的使用者成本。"它从代际关系的角度拓展马克思的劳动价值论。还有一些学者更是提出了自然资源多价值理论或"综合价值论"，认为自然资源具有存在价值、经济价值和环境价值。沈大军对水资源价值内涵的分析则将水资源价值描述为一个包含产权价值、稀缺价值和劳动价值的价值体系。现代西方经济学的价值理论是主观效用价值论。持这一观点的中国学者一般本着一种"默许"的态度。马克思的劳动价值论和西方经济学效用价值论的主要分歧领域之一便是自然资源的价值、价格问题，对这两种理论的比较与综合是资源经济学需要解决的理论问题之一。

（三）土地资源价值核算

土地资源作为我国自然资源的重要组成部分，一直以来都备受广大学者的关注。早在1995年，刘金平等就对土地资源的资产化管理进行了研究，讨论了土地资源资产的界定及其价值评估问题。[①]然而，国内对土地资源价值的研究多集中于耕地价值的研究上，黄贤金（1999）分析了耕地资源价值的各种核算方法，并采用净产值还原法和实物倍数法对江苏省耕地资源进行了估算，发现二者估计结果相差较大。曹志宏（2009）、诸培新（2011）分别以黄淮地区

---

① 申健：《资源资产化管理的理论与实践研究——以国土资源管理为例》，硕士学位论文，安徽农业大学，2007年。

和南京为例，从经济价值、生态价值、社会价值三方面对耕地价值进行了估算。张效军（2008）认为，我国的耕地价值应该包括商品经济价值、生态环境价值、折补价值、社会价值四部分，其中社会价值包含农民就业保障价值、国家粮食战略安全价值、耕地发展价值，经过估算，得到我国耕地的价值为每公顷112.68万元。胡蓉等（2013）根据我国《中国国土资源公报》的耕地实物量数据，采用收益还原法估算了我国耕地的经济价值，从社会保障价值、社会稳定价值、耕地资源发展权价值三方面估算了我国耕地资源的社会价值，借用谢高地的研究成果估算了我国耕地资源的生态价值，最终汇总得到我国耕地资源2008年存量为498.8万亿元。薛智超（2015）分析了土地资源核算的目标、内容、原则，并以湖州市为例展示了土地资源核算的存量表、流量表、综合表，提出了土地资源价值核算的直接市场法、替代性市场法、假象市场法三类方法，并提出了从土地质量变化来分析土地资源社会价值和生态价值的思路。[①]

第三节　研究目标、内容和方法

一　研究目标

本书研究旨在以自然资源资产负债表编制的相关准则理论为指导，在归纳和整理土地资源资产核算和负债核算研究的基础上，重点探讨土地资源资产负债表的编制问题。具体目标包括：

（1）深入研究自然资源资产负债核算理论问题。到目前为止有关自然资源资产负债表编制的理论研究正处于起步阶段，并没有成熟的编制先例，许多基本问题和概念亟待学术界探讨和回答。这就

[①] 向书坚、朱贺：《政府资产负债中土地资源核算问题研究》，《财政研究》2017年第7期。

使作为自然资源组成部分的土地资源可以借鉴的理论基础更是少之又少。

（2）探讨土地资源资产负债核算实务。在对土地资源资产负债核算进行系统研究时，探讨其核心理论基础，对目前理论界存在的争议进行介绍和评述，并提出土地资源负债的创新理论体系。

（3）阐述当前在领导干部离任审计和生态环境损害责任终身追究方面的主要研究，并结合当前对自然资源负债核算的探讨，总结出基于不动产统一登记角度的土地资源资产负债核算框架的设计方案。

二　研究内容

本书的研究内容主要由八个章节来构成，第一章从土地资源资产负债表编制现状出发，阐述了本书研究的背景、目标、内容和采用的方法。第二章针对国民经济科学核算与资源环境可持续利用开发的内在联系，对国民经济核算理论进行了深入的分析，并对资源环境可持续利用开发的新要求、绿色GDP核算的新领域进行了详细介绍。第三章对自然资源资产核算制度进行了综述，总结了国内外自然资源资产负债核算的进展和尝试，并在此基础上简要说明了我国自然资源资产负债表的提出和试点情况，深入分析了自然资源资产负债表核算技术中需要解决的问题。第四章描述了中国领导干部离任审计的现状和未来趋势，指出中国土地资源资产核算现状，并且对基于领导干部离任审计的土地资源资产核算进行了多方面的扩展。第五章首先阐述了我国生态环境损害现状及责任追究机制，其次介绍了自然资源负债概念产生的来龙去脉，最后对基于生态环境损害责任终身追究的土地资源负债核算进行了剖析。第六章站在不动产统一登记的角度研究了土地资源资产负债表编制问题，对我国不动产统一登记现状及进展进行了叙述，明确了土地资源资产负债表与其他自然资源的逻辑关系，并据此设计了基于不动产统一登记的土地资源资产负债核算框架。第七章系统地论述了土地资源资产负债核算相关的支撑政策及技术分析，对土地资源调查制度、不动产统一登记制度、国土空间规划和监测体制的完善以及土地资源监测技术精度的提高进行了全面的解析，并提出了相关的具体措施。第八章附录部分提出详细的土地资源资产负债表编制方案，应用现有的和实地考察来的数据结合上述研究成果进行土地资源资产负债表核算，为我国编制土地资源资产负债表提供参考和借鉴。

三　研究方法

（一）文献研究法

任何一项研究都是建立在阅读大量文献的基础上，通过对优秀研究成果的分析，从而形成自己的观点。因而，本书主要搜集国内外研究环境会计、土地资源价值理论、土地资源核算、土地资源经济评估等与土地资源资产负债核算方面的文献，进行理论疏理，归纳主要观点并进行分类，提炼出待研究的问题，为本书的实践研究提供理论指导。

（二）定性分析与定量分析结合法

在科学研究中，定性分析是对研究对象进行"质"的分析。而通过定量分析可以使人们对研究对象的认识进一步精确化，以便更加科学地揭示规律，把握本质，厘清关系，预测事物的发展趋势。本书在对土地资源资产界定进行定性分析的基础上，对土地资源的价值进行定量分析，并归纳、总结了土地资源资产负债表编制的主要方法。[1]

（三）跨学科研究法

该方法运用多学科的理论、方法和成果从整体上对某一课题进行综合研究的方法，也称"交叉研究法"。本书采用跨学科的研究方式，横跨经济学、管理学、会计学等学科，深入分析了相关学科的基础理论，找到土地资源资产负债表编制的依据和支撑，在此基础上进行梳理和整合，对土地资源资产负债表的内涵和外延进行了

---

[1] 王艳龙:《中国西部地区矿产资源资本化研究》，博士学位论文，北京邮电大学，2012年。

全面的界定，建立了土地资源资产负债表编制的完整理论体系。

（四）实地调查法

本书选取贵州省作为实证区域，根据研究目的、研究内容和研究时间安排，通过实地调查收集实证区的土地资源和生态环境的基础数据资料、资源节约情况资料、环境保护情况资料，同时对数据资料进行综合整理、分析，以期发现问题并解决问题，为本书的研究提供第一手材料。

（五）系统分析方法

系统分析方法是指运用系统分析的理论和观点，把要解决的问题看作一个系统，从整体和全局出发，从系统与要素、要素与要素、结构与功能以及系统与环境的对立统一关系中，对研究对象进行考察、分析和研究，以得到最优化的处理与解决问题的一种科学研究方法[1]。

---

[1] 王艳龙：《中国西部地区矿产资源资本化研究》，博士学位论文，北京邮电大学，2012年。

第二章 国民经济科学核算与资源环境可持续利用开发的内在联系

第一节 国民经济核算理论和国际实践

一 国民经济核算理论

国民经济核算是以国民经济为总体对整个国民经济运行进行全面、系统、完整的宏观核算，包括国民经济运行的结果和总量、结构及内部相互关系的核算。从整体来看，国民经济核算由两个主要的平衡核算关系组成：一是经济流量的平衡核算，其内容直接以国民经济运行过程的生产、分配、消费和积累等环节为依据设置，具体包括生产核算、收入核算、消费核算、积累核算和对外核算。二是经济存量及其变动的平衡核算。这一平衡核算既包括一国和一部门特定时点所拥有资产负债总量的核算，又包括这些经济存量从初期到期末的动态平衡核算。

而国民经济核算体系是国民经济核算过程及结果的表现形式，由一套逻辑严密、协调一致而且完整的宏观经济账户、资产负债表和其他表式组成。国民经济核算体系有两种形式：一种是为大多数西方国家所采用的"国民账户体系"（SNA），主要包括国内生产、收入与支出、资本贸易、国际收支四个综合账户以及投入产出表、资金流量表、资产负债表等。另一种是产生与发展于苏联的"物质产品平衡体系"（MPS）。目前，世界上包括我国在内的大多数国家都采用SNA，所以通常指的"国民经济核算体系"即是SNA。

国民经济账户体系（以下简称SNA），是目前西方国家和大多数发展中国家用来对国民经济活动进行综合考察和统一核算的制度，它是由一套逻辑严密一致而完整的宏观经济账户、表式组成。这些账户和表式符合国际上通行的概念、定义、惯例、分类和核算规则。SNA的基本特点是以综合生产为核算生产的范围，以账户形式和矩阵形式为基本的表现形式。

SNA是第二次世界大战以后在早期国民收入估算的基础上发展而来的。1939年伦敦大学的经济学教授米德和剑桥大学的经济学教授斯通为美国财政部对美国的国民收入进行估算；1941年，荷兰经济学家E. V. 克利夫在《经济学家》杂志上发表的两篇关于国民经济核算的论文，被认为是国民收入统计向SNA过渡的开始；到了1953年，联合国统计委员会公布了"国民经济核算体系及其辅助表"，这标志着SNA的正式诞生，俗称旧SNA。旧SNA的目的在于制定一套标准的国民经济核算体系，以便提供一个具有变通适用性的报告国民收入生产统计的框架，同时拟将投入产出核算、资金流量核算、国际收支核算均纳入该体系，但是由于其在理论和实践两方面的准备都不足，未能完全如愿。

SNA初步形成以后，一直在进行不断的修订、发展和完善。通过吸取旧SNA在理论和实践上的经验和教训，1968年联合国经济和社会事务部领导的专家小组经过重大修正，公布了新的SNA，俗称新SNA。新SNA吸纳了旧SNA无法包容的部分：投入产出核算、资金流量核算、国际收支核算等，同时，对资产负债核算作了试验性的规定，形成了一个包括五大核算体系的内容较为完善的新体系，核算内容的范围大大地扩展了，形成从物到钱、从流量到存量系统反映国民经济活动的核心体系。

新SNA于1970年开始在世界各国实施，在其后的30多年内得到了广泛的推广应用，进入20世纪80年代，世界上有150多个国家采用了这一体系对本国的国民经济进行核算。但是，新SNA仍然在理论上和实践上存在诸多的问题。1993年，五个联合国组织对新SNA进行了修订，并将其公布，这次修订也标志着SNA的成熟。它在很多方面表现出新的特点。诸如，它充分考虑到发展中国家和新出现的市场经济国家的不同情况，使之易于为这些国家所采用。充分注意与国际收支平衡表等国际统计体系的相互衔接，使之具有广泛的协调性和一致性。这些新特点使这部国际标准更具有广泛的应用价值。目前，联合国等国际组织正在全世界范围内推广这套核算体系，许多国家已经或正在计划按照1993年SNA修改本国的核算体系。这已经成为世界国民经济核算发展的大趋势。

对于我国而言，随着社会主义市场经济的不断发展，MPS体系越来越不适应经济发展的需要了，所以我国从1984年起开始建立新的国民经济核算体系。国务院于90年代制定了新的《中国国民经济核算体系（试行方案）》，至1995年基本上完成了从旧国民经济核算体系到新国民经济核算体系的全面过渡。随着经济体制改革的深化，我国的经济分析和管理部门，逐步放弃了MPS的有关指标，转而采用SNA的有关指标研究经济情况，制定经济计划和政策。2002年，国家统计局对《中国国民经济核算体系（试行方案）》进行修订，制定了《中国国民经济核算体系（2002）》。这是在总结十年来我国国民经济核算实践经验和理论研究成果的基础上，采纳1993年联合国SNA的基本核算原则的内容和方法制成的，成为我国国民经济核算工作新的规范性文本。但是随着我国社会经济的进一步发展，用SNA体系来度量经济和社会的发展也存在一些问题。[1]主要表现在：

（1）难以反映经济增长对自然资源的耗减

现行以GDP为核心指标的SNA核算体系，以市场交易为基础，所有的物品和服务都是以其在市场交易的货币价值进行核算。因

---

[1] 孙晓明：《关于绿色GDP理论和实践的思考》，硕士学位论文，广西大学，2008年。

此，没有劳动参与和通过市场交易的东西就认为是没有价值的，对其的使用不计入核算中。由于自然资源源于自然，没有人类劳动的参与，并不通过市场交易，当然就被认为是没有价值和"取之不尽、用之不竭"的，是"免费"的。实际上，由于被大量利用，自然资源已变得稀缺，甚至威胁到经济的可持续发展。自然资源作为经济增长的原动力，理应被合理地定价，并且作为生产过程的中间投入或折旧从 GDP 中扣除。

（2）难以反映经济增长对生态环境的破坏

按照生态经济学的观点，现代社会经济系统是建立在自然生态系统之上的巨大的开放系统，任何社会经济活动都要有作为主体的人和作为客体的环境相互协调发展而进行。然而，人类经济活动中所排放的过多有毒有害物质，以及生产活动对生态环境的过度利用和开采都会造成环境的破坏，从而影响人们正常的生产和生活，造成直接和间接的经济损失。但是，环境恶化带来的经济损失没有相应的市场表现形式，被排除在 GDP 核算范围之外。

（3）难以正确处理自然资源和环境保护的投入

对资源环境保护费用的处理，GDP 也采取了很不合理的方式。众所周知，国民经济各部门在生产和提供服务过程中进行的环境保护活动，目的是防止自身对环境可能的损害，并不能带来社会福利的增加，是一种"防护性费用"。而在现行的国民经济核算体系中，各部门投入到环境保护中的费用都作为增加值计入了 GDP 中，结果形成了这样一种现象：环境污染越厉害，与环境保护相关的被动支出越大，反而 GDP 增加越多。GDP 的这种增长实际是一种虚伪的增长[①]。

二　绿色国民经济核算的国际实践

国际上对现行国民经济核算体系改革的探索，始于 20 世纪六七

[①] 赵婕：《中国绿色 GDP 核算体系基本框架及其分析》，硕士学位论文，东北财经大学，2007 年。

十年代,最早是由一些经济学家和社会学家提出来的。

(一)托宾和诺德豪斯提出的净经济福利(NEW)指标

1969—1973年,美国人率先发动了一场"社会指标运动",提出建立包括社会、经济、文化、环境、生活等各项指标在内的新的社会发展指标体系,第一次冲击了以单一GDP为中心的传统的经济发展观和SNA核算体系。其中,有代表性的是由詹姆斯·托宾和威廉·诺德豪斯于1972年共同提出的净经济福利(Net Economic Welfare,NEW)指标。

托宾和诺德豪斯主张,应该把都市中的污染、交通堵塞等经济行为产生的社会成本从GNP中扣掉,与此同时加进去传统上被忽视的经济活动,例如休闲、家政、社会义工等。也就是说,NEW指标仍以GDP为基础。仅应作两大调整:第一,NEW指标要排除GDP中的许多对个人福利没有贡献的成分;第二,GNP中一些没有计入的重要消费项目应包括在NEW指标之内。根据他们的算法,美国从1940年至1968年,年人均净经济福利所得几乎只有人均GNP的一半。在1968年之后,两者之间的差距越来越大,年人均净经济福利所得不及GNP的一半。

后来,诺德豪斯在与著名经济学家保罗·萨缪尔森合著的《经济学》中,对净经济福利指标又进行了讨论时指出,净经济福利是一个经过调整的国民总产品指标,它是包括对净经济福利有直接贡献的消费和投资。NEW应对GNP作如下调整:

加上:闲暇的价值。闲暇是指可由个人自由支配的业余时间。在现代社会,闲暇的多少是反映生活质量和福利水平的一个重要尺度。一周工作48小时与一周工作35小时相比,如果一周收入总数相等,并且是在同等劳动强度下,那么显然后者生活质量高于前者。随着科学技术进步、劳动生产率和居民生活水平的提高,各国特别是发达国家居民的闲暇逐渐增多,人们对闲暇消费也越来越重视。一些人本来有机会加班工作或外出兼职从而取得收入。但他们可能放弃这些机会以缩短工作时间,以便从闲暇中得到商品和劳务之外的精神上的满足，如在家休息、看报、欣赏音乐、外出旅游等，在这种情况下，居民福利上升了。但国家或地区的 GNP 都可能因此增幅减少甚至下降。为反映闲暇所带来的精神上的满足和真正的生活质量，必须在 GNP 之上加上一个正的修正值，以求得 NEW。

加上：家务劳动的价值。由家庭主妇或家庭其他成员提供的家务劳动，在性质上与居民向市场购买的劳务是一样的，只不过它不是通过市场交换取得，没有用货币价值来表现而已。在发展中国家，特别是这些国家中以自给自足为主要生产方式的农村，不但大量劳务由家庭自己提供，而且许多实物也是由家庭自己生产的。我们在第一章曾提到，在以自给自足为主要生产方式的国家里，没有被官方统计在内的劳动产值约占 GDP 的 75%。值得注意的是，在一些发达国家，在逐步实现家务劳动社会化之后，一些家务劳动又开始回归家庭。一些人利用闲暇时间从事家务劳动，已不是出于生活所迫或省钱，而是作为实现自己的某一爱好、志趣，丰富和美化生活的一种方式，它本身也意味着生活的改善和个人需求的某种满足。既然居民的家务劳动与向市场购买的劳务对其实际消费的实现没有什么两样，那么，它本应计入 GNP。

加上："地下经济"创造的价值。所谓地下经济，按照国际上通行的定义，是指不向政府申报收入，逃脱政府的控制和税收管理，其产值未纳入官方的国内生产总值的那部分经济活动。这种经济活动，在当今世界上，无论在发达国家还是发展中国家，都是大量存在的。地下经济包括两类：非法活动（如毒品交易或职业杀手），以及合法的但为了逃税而没有记录的活动（如未经注册的地下工厂，打"黑工"者等）。萨缪尔森和诺德豪斯在分析中认为，一般而言，国民收入会计个人员在衡量国民产出时会将非法活动排除在外——社会舆论认为这些活动是"坏事"而不是"好事"。不断膨胀的可卡因交易将既不会计入 GNP，也不会计入 NEW。那么第二类地下活动又如何呢？大量木匠、医护、保姆、农民等，他们提供有价值的商品和劳务，但却没有被包括进国民产出统计之中，显然这是不合理的。

值得注意和研究的是，近年来不少国家的地下经济有发展蔓延之势。据英国《经济学家》公布的奥地利学者施耐德的研究报告，1998年全球地下经济的净值大约9万亿美元，占全球GDP（39万亿美元）的23%。1999年经济合作与发展组织公布的一份社会调查报告说，由于绝大部分成员国税收收入与社会保障越来越沉重，企业为了减少社会保险的分摊额以及个人为了逃避税收，导致经合组织成员国"黑工"现象越来越普遍，导致一些未经注册的地下工厂、非法贸易公司生意兴隆。一组有关经合组织国内生产总值含量分析的调查数字，令人触目惊心。希腊1998年国内生产总值的29%是由未申报的"黑工"所创造。而在意大利、西班牙，这个数字也分别达到27.8%和23%。欧盟成员国以外的加拿大、美国和瑞士则分别为15%、8.9%和8%。在经合组织内，英国和奥地利"黑工"所创造的产值最低，但也分别占其国内生产总值的3%和9%。另一项有关就业人员比例的统计显示，1980年经合组织国家就业人口中，搞"黑工"者平均为11.5%，而1996年则上升到17.8%。其中，意大利由30%上升到48%，几乎占就业人口一半左右的劳动者都在不同程度地打"黑工"。在北欧国家丹麦，"黑工"由当初的8.3%上升到了15.4%。而历来循规蹈矩的德国，"黑工"比例也由8%上升为12%。据估计，目前在经合组织国家内至少有1000万名"黑工"。欧盟经济专家认为，从总体上讲，失业率越高，社会保障和税收负担越重，灰色经济发展的"阴影"就越大。这正是近年来经合组织国家一直强调要减少税收、改革社会保障体制的重要原因之一。

减去：环境的破坏损失。有时GNP计入了生产出的"好处"而忽略了"坏处"。萨缪尔森和诺德豪斯举例说，假设市郊的居民使用了1000万度的电来空调房间，每度电付给公用事业公司10美分。这100万美元补偿该公司在劳务、设备及燃料上的成本。但是，假设发电时所燃放出的硫黄损害周围的住户，而该公司并没有为这种外部性付出货币代价。我们的产出指标不应仅加入电力的经济价值（GNP 计入了这一价值），也应减去由于污染而对环境的损害（GNP 中设备做这样的扣除）。假设除了 10 美分的直接成本之外，每度电给周围住户所造成的环境损失为 1 美分。这是公用事业公司没有支付的（对树木、鳟鱼、溪流及人的）污染成本。因此，总的"外部"成本为 10 万美元。为了反映这些隐蔽成本并计算出 NEW，我们必须从 100 万美元的"电力好处"流量中减去 10 万美元的"污染坏处"。萨缪尔森和诺德豪斯认为，构造新的国民产出指标，以纠正 GNP 所造成的环境污染、人口拥挤、自然资源枯竭以及其他缺点，是一项十分困难的任务，经济学家才刚刚开始进行这项艰巨的工作。初步的研究显示，NEW 的增长大大慢于 GNP 的增长。在一个人口不断增加、拥挤状况日益严重、人类对自然界的开发有时会超过自然界吸收人类垃圾的能力的社会中，出现 GNP 与 NEW 之间的差距是不可避免的。

1973 年，日本政府以托宾和诺德豪斯提出的净经济福利指标为基础，进行了类似的尝试，提出了净国民福利（Net National Walfare，NNW）指标。日本政府提出的 NNW 指标的最重大突破是将主要的环境污染列入指标中——水、空气、垃圾。日本列出每项污染的可允许标准，再调查实际污染程度和扩散范围，超过污染标准的，要编列改善经费。这些改善经费必须从国民所得中扣除。

（二）卢佩托等提出的国内生产净值（NDP）指标

目前对自然资源耗损与经济增长率之间的关系最重要的研究成果之一，是由美国学者罗伯特·卢佩托为首的一批研究人员在 1989 年提出的净国内生产净值（Net Domestic Product，NDP）。

卢佩托等研究人员选择了一个自然资源非常丰富的国家——印度尼西亚作为研究对象，因为印度尼西亚是世界上重要的木材、石油出口国。卢佩托等认为，如果目标是计算一个国家的持续收入，就要将这个国家自然资源的耗损状况与经济增长率一同考虑。比如，如果一个完好的森林被砍伐，其收入投资到一个水泥厂，国家收入因为水泥厂的投资和砍伐活动表现为增加。然而，这是对待续收入的错误反映。因为它在考虑一个资产（工厂）增加的同时没有考虑另一个资产（森林）的下降。原因是现行国民经济核算制度完全没有考虑自然资源基础的不断变化，没有为可再生资源的增长如森林和渔业，或为外发新油田，或在两种情况下资产基础的消耗而投入资金和折旧。卢佩托等研究人员认为，经济开发活动中的石油耗损、木材量减少，以及因为伐木引起的土壤流失都应当算成负因素，从GDP中扣除。

卢佩托等通过计算发现，1971—1984年，印度尼西亚的GDP每年增长7.1%。但事实上，若扣掉这些自然资源耗损成本，增长率只有4%。

卢佩托等在研究中只选择了三项资源：木材、石油、土壤。因为这三项资源有市场价值，可以用货币来衡量。未来对这项指标最重要的挑战，是如何涵盖其他一些还不能用货币来衡量的自然资源，例如野生动物的保护、生物多样性的价值、空气污染的损失等。

（三）戴利和科布提出的可持续经济福利指标

1989年，美国经济学家戴利和科布提出了可持续经济福利指标（Index of Sustainable Economic Welfare）。也是国际上第一个把许多指标，通通摆进去越好的尝试。这套指标1989年发表后，1994年这两位经济学家又对这套指标进行了修改。

这套指标，目前已被一些发达国家所接受，例如英国、美国、德国、瑞士、澳大利亚等国政府，已试图根据这套标准来计算国家进步的状况。

该指标体系包含一些过去没有被尝试的东西。例如，它计算财富分配的状况，若是分配在不平均的标准之外，则要扣分；它计算社会成本，例如失业率、犯罪率；它更严谨地区分经济活动中的成本与收益，如医疗支出、超时工作是社会成本，不能算成对经济有贡献。

澳大利亚在1997年根据这套指标估算增长状况,发现从1950年至1996年,澳大利亚人均GDP从9000澳元增至23000澳元。但是,按可持续经济福利指标衡量,1996年澳大利亚人均经济福利只有16000澳元,大约只相当GDP的七成。

(四)联合国开发计划署提出的人文发展指标

除以上所讨论的从经济、社会观点修正传统GDP缺点之外,还有从人本观点出发,反对以GDP作为国家最终追求目标的尝试。到目前为止,最重要的努力是1990年联合国开发计划署提出的"人文发展指标"(Human development Index)。这项指标目前每年发表一次,并将160多个联合国、会员国依序排名。

这项指标最重要的突破是,国民所得在达到一定程度后,对人类带来的福祉、效益会逐渐递减,打破了传统认为所得越高就一定越幸福的观点。因此,联合国开发计划署采取一个所得标准(1993年为5711美元),高于这个标准的所得,其带来的效益会逐渐递减。

除调整国民所得之外,这项人文发展指标还加上三项变数。一是人口平均寿命,二是成人文盲比例,三是学龄儿童就学率。背后的思想是,人文开发是一项人类重要的发展指标。从这项指标可以看出,高所得国家在人文指标上不一定就高。例如,沙特阿拉伯年人均国民所得1997年在世界上排名第43位,但在人文发展指标中,降为第75位。又如,加拿大年人均国民所得是世界第8位,但在人文发展指标上却是世界第一位。继联合国开发计划署提出人文发展指标后,联合国又提出了一个可持续发展指标。联合国在1992年召开世界高峰会之后,自1993年起,要求各国必须提交可持续发展的成果报告,各国代表因此极力呼吁建立一套评估可持续发展的指标。联合国为此专门成立一个科学委员会,经过约3年的研究,在1995年提出可持续发展指标(Sustainability Indicators)。

这个指标遵照一个架构:D(Driving force)—S(state)—R(Response)。"D"是指人类行为中足以影响可持续发展的活动;

"S"指这些行为活动在可持续发展的标准下现状如何;"R"指的是目前有没有政策规范,可以改善现状。例如在社会方面,目标是消除贫穷。那么在指标上可以提列目前人类活动中足以影响贫穷的是失业(D),而失业现状(S)可以由多少人失业及多少人生活在贫困线以下来表示。至于政府是否有决策(R)解决这种状况,则可能没有。综合许多诸如失业等社会方面的项目,就可以得出一个社会发展指标。可持续指标极为复杂,共包含4大类:一是社会,二是经济,三是环境,四是政府组织、民间机构。由于包含范围太广,目前联合国仍在继续改进这项指标[1]。

(五)挪威等国家开展资源核算的尝试

1. 挪威的资源系统核算

挪威是欧洲开展自然资源实物核算较早和较系统的国家。1974年,挪威政府成立了自然资源部,开发和推行自然资源核算和预算系统,1978年以后,这项工作转由政府统计局承担和实施操作。1981年,挪威首次公布并出版了"自然资源核算"数据、报告和刊物。20世纪80年代中期,挪威统计局采用实物指标首次编制了自然资源核算账户,包括能源、矿产、森林、渔业和土地使用等,并于1987年公布了《挪威自然资源核算》研究报告。

挪威自然资源核算的目的,是提供最新的和质量较好的数据和信息,将自然资源开发计划与传统的经济发展计划联系起来,促进资源管理部门和经济管理部门之间的配合和协调,为国家制订长期自然资源开发计划和促进社会经济可持续发展提供科学的依据。

挪威的自然资源核算账户,将自然资源划分为两大类:一类是物质资源,包括矿物资源、生物资源、流入资源(太阳能、水文循环、风、海洋水流);另一类是环境资源,包括空气、水、土壤和空间,有些资源,如水,既是物质资源(如水电),又是环境资源

---

[1] 孙静娟:《我国国民经济核算理论与方法问题研究》,博士学位论文,华中科技大学,2005年。

（如娱乐用水、饮用水等）。计量资源的单位和质量数据按要求的内容而变化。矿物资源（主要是天然气和石油）的计算分下面几项：已开发储量、未开发储量、新矿区、重估和开采，以及其他适用于物理单位计量的科目。已开发储量是指大部分基本资金已投入，最初生产已开始。重估是指对以前的测算进行修改。相对应于这些科目的存量账目，还有开采量的流量账目，加上为工业（按部门）、家庭、政府等不同最终用途进出口的数量。生态资源主要是鱼，其分项有：开发、补充、重估、捕捞和自然死亡率。

挪威政府通过对资源核算，已将收集和计算的资源用在对自然资源未来的预测和它们对环境影响的分析上。其中最成功的运用是在一系列能源账目上，自然资源账目给能源需求预测模式、能源政策讨论和由于所选择的混合能源带来的主要空气污染的预测扩散模式提供了信息。土地使用账目也被认为是成功的。在土地使用计划，与在地区（城市）和国家一级对土地使用的协调上发挥了重要作用。随着社会经济的发展，挪威的公众利益和社会关注重点已逐步由资源问题向环境问题转移。目前挪威对资源环境核算主要集中在能源方面，重点是调查气、油在使用过程中对空气污染排放情况。核算的基本方法是利用投入产出模型编制空气排放账户。

挪威统计局的资源环境核算工作受到政府和社会公众的高度重视，目前已与重要统计资源用户（如环保部门）在相互合作方面制定了长期的发展战略规划。自然资源和环境核算工作已成为统计工作的优先发展领域，并在实践中积累了宝贵的经验。挪威资源环境核算的近期目标，一是将自然资源资产的资金账户纳入国民核算资本账户中。这主要包括石油和天然气实物量和价值量的核算，因为石油和天然气是挪威今后最有价值的地下资源。此外，还包括鱼类和森林资源存量和增量的核算。二是将资源环境实物量数据纳入年度国民核算的数据库中。这主要是利用投入产出表，编制能源使用和空气排放账户，将有关实物数据与国民核算体系联系起来，反映资源环境变化对经济活动的影响①。

2. 法国的资源核算

法国于1978年成立了政府部门间自然资源核算委员会。该委员会出版了法国统计局和环境部合作编写的《法国自然资源核算》一书，提出了有关环境资源的经济、社会和生态功能的核算原则与方法，同时建立了森林资源、动植物资源和内陆资源的试验性实物核算账户。法国的资源核算系统与挪威的资源核算系统在资源、环境分类上有相似之处。两国的区别在于，每一类账目在构造上有所不同。法国核算系统账目有下列分类：①主要账，描述资源和变量在时段开始和结束时的状况和变化；②边缘账，表现一种资源和另一种资源、人类活动和涉及的资源之间的关系；③代理账，描述按实物量表示的资源和一种经济活动之间的流量，以及用于它的维护、修理、监测或发展的费用②。由此可以看出，法国核算系统一开始就比挪威核算系统的要求更高、更综合，它包括了货币估价值，其目的是把实物核算与货币核算相结合，得到一个真正的环境资源价值核算体系。

3. 芬兰的资源环境核算

芬兰对自然资源的实物核算始于20世纪50年代初期，以森林资源核算为主。90年代初以来，开始了对森林资源的价值统计与核算。1992年芬兰在抽样调查1500个样本的基础上，进行了环境保护支出费用核算。以后又对产业部门1992—1995年的环保支出费用进行调查，开展了有关公共费用支出、产业部门和税收等方面环保问题的试点研究。1997年，芬兰根据欧盟制定的森林资源核算框架，作为欧洲森林资源核算的试点国家之一，开展了欧盟模式的森林资源核算。同时，开始着手编制NAMEA表，即包括环境核算的

---

① 孔祥明：《绿色GDP核算附属账户的研究》，硕士学位论文，河海大学，2005年。

② 许海萍：《基于环境因素的全要素生产率和国民收入核算研究》，博士学位论文，浙江大学，2008年。

国民核算矩阵。目前芬兰进行资源环境核算的内容主要有3项：

一是森林资源分类核算。芬兰的这方面核算采用的是欧盟制定的"欧洲森林核算框架"。这一框架主要是根据1993年联合国SNA卫星账户（SEEA）所提出的理论和原则制定的。在经济活动分类、核算方法和概念等方面与SNA基本一致，其主要内容由交易部分、资产部分、余项部分组成。建立在这一基础上的芬兰森林资源核算体系框架也由3部分组成：①森林资源实物量核算：主要包括森林区域的开发、相关生态状况数据、木材数量、碳化物的凝聚、空气污染和酸雨沉淀状况、人类享受森林资源娱乐方面的信息等。②森林质量指标：主要包括森林生态系统指标、一些特殊用途指标、娱乐指标以及森林变化的数量、价格和质量方面的指标等。③森林资源价值量估算：主要包括木材使用、森林生长和碳化物形成、森林生产、森林生态保护、治理酸雨的成本费用、人们娱乐活动的价值估算、来自森林资源的持续收入等。为了实施这套森林资源核算体系，芬兰统计局编制了3套账户。一套账户是森林供给平衡表，主要包括由于生态生长、自然损失和倒塌引起的木材存量增长的变化的核算；另一套账户是森林资源使用平衡表，主要包括木材砍伐和加工，根据木材的中间投入产出表来编制；还有一套账户是总量平衡表，也是利用投入产出表，主要包括森林产业的木材中间产品、最终产品、木材燃料和废物供给与使用的综合统计[①]。

二是环境保护费用支出的核算。芬兰环境保护费用支出核算的主要内容有：①对环境保护的投资和维护费用支出的核算；② 22个产业部门总的费用支出和详细分类；③制造业、采矿业、采石业和能源供给环境保护费用支出的详细统计；④空气污染控制、废水管理、废旧利用和其他资源使用领域环境保护费用支出的统计分类；⑤根据现金流量计算原则，描述环境保护投资的时间序列；⑥按年度出版发行有关报告和刊物；⑦提供芬兰22个产业部门

---

① 张书芬：《绿色GDP》，硕士学位论文，中国政法大学，2005年。

1992—1995年环境保护费用支出的统计数据。1995年芬兰环境保护费用支出统计数字表明，全国22个产业中森林产业维护费用居首要地位，达4亿芬兰马克，而投资最多的项目是水资源的保护和改善，达92亿芬兰马克，占全部环境投资的59.9%。由于目前芬兰水资源的污染和破坏对森林资源影响最大，而森林资源是芬兰的最重要资源，加大对水资源保护的投资已成为必然[1]。

三是编制NAMEA矩阵。芬兰NAMEA矩阵是在欧盟NAMEA通用框架的基础上形成的，即采用传统的投入产出模型与环境数据相连接，利用实物量计算环境数据并将其进一步转化为可进行相应换算的环境指标从而计算绿色GDP[2]。

4. 美国的环境核算

1989年6月，美国国会通过了一项有关资源和环境核算的法律。该法律条文第二条指出："国会发现，由于没有承认自然资源的耗竭，现行的国民经济核算体系对许多国家的经济状况所作的反映是扭曲的[3]。"美国联邦政府环境保护局及商务部经济分析局，是美国负责资源环境核算的主要政府机构。美国环境保护局在1989年前主要是进行环境核算方面的探索，尚未进行大规模工作。1989年国会通过决议后，美国政府对环境资源核算问题采取了一些新的步骤，决定成立环境统计局，并与美国经济分析局共同负责一项《环境与资源核算》的研究项目，以华盛顿附近的佩克斯湾为重点。1990年3月完成了《环境与资源核算：美国环境保护局的工作现状》的研究设计。

美国环境保护局、经济分析局工作的基本思路及其研究要点是：①以可持续发展为指导思想，核算工作主要是要提出一些指标，反映自然资源和环境的变化，这些指标应是详尽的、准确的，应考虑到存量和流量的增减变化，收集广泛的数据，如环境污染的数据、

---

[1] 吴优：《挪威和芬兰的资源环境核算》，《中国统计》1998年第5期。
[2] 张书芬：《绿色GDP》，硕士学位论文，中国政法大学，2005年。
[3] 李金昌：《关于自然资源的几个问题》，《自然资源学报》1992年第9期。

第二章 国民经济科学核算与资源环境可持续利用开发的内在联系

污染影响的数据等，以促进可持续发展。②为适应环境核算的需要，要建立一个新的概念体系。美国侧重环境核算并认为环境包括自然资源。自然资源的效益既包括物质方面的效益，也包括对环境的损害。③重视环境计价研究。美国以前主要是进行实物量核算，现在侧重价值量核算，正在探索生态指标、环境指标如何以货币来计量。他们认为，环境效益是一种环境服务，即为社会提供的生活质量，提供的娱乐服务，是估价环境效益的重要因素。环境评价的第二个方面是对环境污染的估价，如对水土流失的评价，就要对其所造成的土壤生产力的损失加以估价和计算。当然定价是困难的问题，特别是可再生资源较难估价。④要修改现行的核算账户，把环境当成一个产业部门，计算环境治理及防止污染的费用（投入），并估算其收益（产出）。考虑到环境资源对收入、资产的影响，修正国民经济账户，如煤的燃烧，过去只计算了煤采出以后作为矿物燃料的价值，但没有计算煤燃烧对环境污染而降低环境质量、减少环境服务的价值，从而减少的收入和资产。这些都要通过环境经济核算反映出来。

1993年4月，白宫发布了克林顿总统的15条环保政策，其中第5条提出开发"绿色国内地产总值"，简称"绿色GDP"。克林顿还指示商务部经济分析局改进现有经济统计，因为现有经济统计忽视了污染的代价或清洁空气的价值。绿色GDP的计算将把经济活动对自然环境的改变加入计算国家收入与财富中去。

除上述国家外，其他不少国家20世纪80年代以来也着手进行环境资源核算。加拿大由统计局牵头于1986年发表了《人类活动与环境》统计报告，建立了一个既包括环境指标，又包括环境对人类活动影响的指标体系①。政府环境部与统计局合作先后于1985年和1991年发表了环境状况统计报告。荷兰1985年以来，中央统计

---

① 王树林：《国民经济核算体系改革的趋向：实行双重核算》，《新视野》1998年第4期。

局对土地、能源、森林等资源进行了实物核算。意大利中央统计局于1984年编制了第一份环境统计报告，从1990年开始，国家环境部隔年出版一部环境报告和统计年鉴，中央统计局正在研究、设计环境核算系统。德国对能源的供应和使用建立了实物账户，与联邦统计局的平衡表相联系，计划今后要建立完善的实物账户。联邦统计局1988年5月向联合国经社理事会欧洲统计委员会和欧洲经济委员会提出了《关于卫星账户系统的概念考虑》的报告，1989年8月又提出了《综合环境核算体系概念的开发》的报告，并着手研究探讨这一卫星账户体系如何补充国民经济账户体系。此外，西班牙、瑞典、葡萄牙等国也在进行环境资源核算的尝试。发展中国家开展环境资源核算研究的有墨西哥、哥斯达黎加、印度尼西亚、菲律宾和巴西等国家。这些研究大多数是受到发达国家或国际组织的援助，作为典型案例研究或合作研究而展开的。研究工作一般处于方法研究和框架构造阶段，侧重提供一些资料和数据。

从发达国家的资源环境核算看，它们的核算体系具有这样一些特点：

一是环境与资源并重。挪威将自然资源分为实物资源和环境资源的做法得到普遍公认。法国、德国是资源与环境并重，这与美国、日本侧重环境核算，认为环境包括资源有所不同。

二是核算的方法总体上讲是实物核算，在进程上多数尚处于探索阶段。挪威和德国进展较快，德国在试图建立卫星账户，美国正侧重转向价值量核算。

三是重视不可再生资源的定价与核算。如石油、天然气资源，提出一些计价方法。

四是在这项工作中强调服从和服务于可持续发展。强调对政府决策和政策的影响及政策的改善。[①]

[①] 张东光：《主要宏观经济指标与资源环境综合核算研究》，硕士学位论文，山东大学，2006年。

国外不少有识之士在对现行国民经济核算体系的缺陷进行批评的同时，也提出了各自环境、资源核算问题，一些学者、政府和国际组织在这方面还进行了改革的探索和尝试。

自国民经济核算体系正式诞生之日起，联合国统计委员会及相关机构相继推出四部国民经济核算体系的范本，即 SNA1953、SNA1968、SNA1993、SNA2008，这 4 部文本是国民经济核算体系产生、发展与不断完善的标志性成果。SNA1953 标志着 SNA 的正式诞生，其内容包括 6 个标准账户、3 个部门、12 张标准表，目的在于提供一个具有普遍实用性的报告国民收入和生产统计的框架。与 SNA1953 相比，SNA1968 更大程度上扩展了国民经济核算的范围，其中最突出的扩展是将投入产出核算、资金流量核算、资产负债表和国际收支统计引入该体系，并精心设计了一套容量为 20 个账户的账户体系。SNA1993 是对 SNA1968 进一步总结和修订的成果。该体系在全面生产观的基础之上，开始加强服务活动核算，同时还增加了环境核算的内容。不仅如此，SNA1993 还注重与其他重要核算体系的关联和拓展。15 年后，联合国统计委员会再度与其他机构联手，共同推出了 2008 年版国民经济核算体系，即 SNA2008。这一版本的 SNA 不仅在核算内容、核算范围上大大宽于 SNA1993，而且在核算方法、核算工具方面，也远远优于前面的版本。特别的是，它更加关注经济与环境之间的联系，提供了环境经济核算的卫星账户（Satellite Account）和社会核算矩阵（Social Accounting Matrix）的编制方法，对环境、资源账户的编制进行了更加详尽深入的描述（李金华，2010）。在 SNA 发展和演进过程中，联合国统计委员会于 1971 年向世界各国推出过另一核算体系，即《物质产品平衡表体系》（MPS）。MPS 是建立在物质生产观概念的基础之上，其主要的理论依据之一是马克思的劳动价值论和再生产理论。因此，MPS 计量的国民收入是基于物质生产活动的产出成果。显然，该体系适应于物质管理高度集中的计划经济体制国家。然而，随着社会经济生活的快速发展以及经济体制改革的推进，MPS 赖以存在的基础也随之发生变化。最终，MPS 成为历史概念。另外，《社会和人口统计体系》（SSDS）是联合国统计委员会于 1975 年推出的另一杰作，其对社会和人口发展方面的核算进行了系统的阐述。在修订 SNA、研制 SSDS 的同时，联合国的专家已开始环境核算体系的设计。为实现环境资源核算框架和方法的标准化，联合国统计署、欧盟、经合组织、世界银行于 20 世纪 90 年代推出了《环境核算临时手册（1993）》。之后，经各国环境核算实践，于 1998 年开始修订，最终于 2003 年推出了《环境和经济综合核算体系（2003）》（SEEA）[1]。

第二节　资源环境可持续利用开发的新要求

一　资源环境与可持续利用开发

（一）资源环境

资源环境的产生是人们由自然资源到环境资源认识的一种深化，几乎所有的自然资源都构成人类生存的环境因子[2]。资源环境包括自然资源和环境资源。联合国环境规划署给资源下的定义为：自然资源是指在一定条件下，能够产生经济价值，以提高人类当前和未来福利的自然环境因素的总和。由此，土壤、水、草地、森林、野生动植物、矿物、阳光、空气等自然要素和这些要素所构成的地理空间，也就是通常所说的生态环境，亦即自然环境，统称为自然资源。[3] 环境资源如水、空气、气候条件和自然景观等自然环境条件和要素，同样也是人类生存、发展所必需的资源。环境资源提供人类生产、生活的原材料，包括可再生资源和不可再生资源，如土

---

[1] 杨林涛：《国民经济核算研究：基本理论与方法——国内相关文献综述》，《兰州商学院学报》2012 年第 8 期。

[2] 史淑君：《上市公司财务风险分析与思考——来自化工行业数据》，《财会通讯》2012 年第 10 期。

[3] 钟世坚：《区域资源环境与经济协调发展研究》，博士学位论文，吉林大学，2013 年。

地、水、森林、矿藏等都是经济发展的物质基础。它提供了人类及其他生命体的生存场所，它是人类赖以生存和繁衍的栖息地。自然资源和环境的物质客体关系表现为包容关系和同一性关系。环境对于自然资源来说，具有包容关系。环境中的某一要素被人类加以利用，就成了资源。但某一种资源则不一定构成环境。同一性关系表现于自然资源与环境的物质客体并不存在截然的界限，而是自然这一整体的两个侧面，这个整体是自然界长期演化而形成的。无论是生物还是非生物，都经过长期的协同进化而互相适应，最后趋于动态平衡，因此各种自然要素同时可以看成是组成自然环境的环境要素。所以，古代所谓的环境要素如水、空气、土壤等，现在已经转化为自然资源。随着社会的快速发展，人类生存的环境受到了严重的污染和破坏，情况也是日趋严峻。换句话说，人们已经不再允许环境要素放任自流的自然利用，而是将环境要素作为一种资源来开发、利用及保护。

（二）可持续发展

可持续发展（sustainable development）是人类与自然界和谐发展的理论，是人类于20世纪末在总结成功的实践和失败的教训的基础上形成的一个崭新的发展观念。从20世纪中后期起人们开始对日益严峻的资源和环境现实给予极大关注，并着手进行方方面面的探索。1972年联合国环境与发展大会在全球范围内掀开了人类关注环境、保护环境新的一页。具有里程碑意义的1992年联合国环境与发展大会更是提出了可持续发展战略，以一种全新的思想，确立了人类共同解决环境与发展问题的途径。这一思想自产生起就得到了全球性的回应，几乎所有的国际组织都采取了相应的行动。联合国经济与社会理事会专门设立了可持续发展委员会（UNCSD）。各国政府也积极回应，到目前为止，全世界已有100多个国家设立了专门的可持续发展委员会。在里约大会举行之时，美国传媒界人士曾评价说："尽管可持续发展概念的提出和联合国《21世纪议程》的制定成功地缓冲了发达国家呼吁环境保护和发展中国家捍卫发展权的冲突，但在其背后隐藏着南北双方艰难地讨价还价的背景，这种形势将延续多年。"果不其然，时至今日，尽管国际社会在实施可持续发展方面取得了进展，但与环发大会所预期的相比，仍相去甚远。因此，有必要在当前的经济发展和社会进步之下，综合各方面因素，重新审视可持续发展的内涵和外延，在保持制度稳定前提下不断修改和重订①。

可持续发展要求协调社会经济发展与资源环境的关系，其实质就是人和自然关系协调发展的规范。从各国及学者们对可持续发展与协调发展的认识可以看出，资源环境与经济的协调发展既是可持续发展关注的主要内容，也是可持续发展实现的重要方式和手段。可持续发展是各种关系的协调，引导无序状态的发展向有序状态转变。因此，资源环境与经济的协调发展与可持续发展的目标完全一致。从区域范围的角度看，可持续发展要求协调社会经济发展与资源利用和环境保护的关系，因此，协调发展被公认为是处理经济发展和资源环境之间关系的最佳选择，它是保证实现人类社会可持续发展战略目标的必经之路，特别是对发展中国家而言，建立资源环境与经济的协调发展尤其重要②。

（三）可持续利用开发是资源环境保护和利用的必然选择

除了日益尖锐的环境问题外，资源稀缺以及为争夺稀缺资源而引起的冲突也日趋白热化。20世纪90年代初为争夺石油资源控制权的海湾战争；由来已久的中东地区冲突也含有争夺水资源的本质。对于森林资源保护问题，由于人口增长，贫困和无保障的使用权，工业大气污染成本估价不足等原因，森林仍在持续减少，进而导致生物多样性丧失，碳贮量释放、空气和水污染等诸多环境问

---

① 朱静璇：《全球资源环境可持续利用——兼论中国废弃物循环利用的立法研究》，《水污染防治立法和循环经济立法研究——2005年全国环境资源法学研讨会论文集》（第三册）2005年第8期。

② 钟世坚：《区域资源环境与经济协调发展研究》，博士学位论文，吉林大学，2013年。

题。此外，水资源匮乏所导致的土地退化、土地产出量降低，以及人类为满足其自身的需求，大量地采用非自然的生物生长与养殖方式，不仅破坏了大自然应有的生态平衡，而且，对资源再生与环境保护造成了很大的威胁。在这种严峻的形势下，人类要想保持现有的经济增长水平，或者进一步想为子孙后代留有更大的发展空间，那么可持续利用资源与环境就成为必然选择。

从社会发展来看，人类社会经济的发展是靠消耗地球上的资源与利用环境来维持的。在人口稀少、生活水平低下的时期，人地关系不紧张，矛盾不突出。随着人口的增加，人类科技水平的发展，生活水平要求提高，消耗地球上的资源、能源的速率越来越大。另外，人类社会又排出许多废弃物，因而对生态与环境的破坏也越来越严重，这就使人地关系越来越紧张，矛盾越来越大。人类终于认识到，经济增长，人口增加，生活质量提高，在数量上是有极限的。人类共同拥有一个地球，地球上的空间，资源、能源、环境都是有限的。如果人们继续不计成本地对地球开展掠夺式的开发，其后果是人类自食恶果，面临着不可持续发展的灾难[①]。

总体而言，对于资源环境可持续利用的研究意义广泛资源环境具有公共属性，即非竞争性和非排他性的特征，如何充分应对节能减排过程中的"搭便车"行为和有关国家在减排方面的动力不足问题，都是一个公共利益协调的博弈过程，而机制设计理论提供了选择和比较各种机制优劣的方法。从经济学的角度看，全球公共物品的提供都满足类似的分析基础。因此，我们研究环境资源可持续利用机制时所得出的有效结论对我们理解其他类型的公共物品供给以及协调相关利益关系同样具有帮助。应该说，环境资源可持续利用问题还一直吸引着其他学科尤其是环境科学、社会学、政治学和法学等众多领域的研究者的关注，在交叉学科的研究中蕴含着大量富

---

① 朱静璇：《全球资源环境可持续利用——兼论中国废弃物循环利用的立法研究》，《水污染防治立法和循环经济立法研究——2005年全国环境资源法学研讨会论文集》（第三册）2005年第8期。

有挑战性的研究机会，有关问题的研究已经成为当前国际学术界最炙手可热的研究领域。

二 资源环境可持续利用开发的新要求

鉴于传统资源环境利用开发的局限性，我国开始对资源环境利用模式作出探索，传统的资源环境利用开发方式使我国在比较短的时间内完成经济的发展，与此同时，也使我们在资源利用和环境保护方面付出了很高的代价。我国同发达国家在文化资源、制度等各个方面都存在很大差异，因此，中国的社会发展道路进程不能完全采取西方模式，特别是发达国家当年推进社会发展时以牺牲环境、破坏生态为代价的经济增长模式，中国必须结合本国国情，走科技含量高、经济效益好、资源消耗低、环境污染少、人力资源优势得到充分发挥的新型资源环境开发模式，坚持可持续发展的思想对于实现资源环境长远利用开发具有现实的指导意义。

我国对于西方资源环境利用模式的反思主要集中在工业化模式和发展方式的选择方面，主要集中在宏观战略选择和微观产业布局方面，并且是在信息化思想的指导下，利用信息化带动工业的思维，推行的是产业结构升级的方式，虽然学者们在信息化时期为工业化指明了方向，对以信息化标准来衡量产业高度化有实践意义，但并没有将资源环境的约束提高到具有决定性的高度。从环境资源可持续利用的视角来看，产业结构的高低是相对的，是需要考虑自然环境的约束。我们进行产业结构调整的方向应该是以资源环境的可持续利用为目标，这需要在新的标准下重新思考我国的经济发展趋向。通过对资源环境价值属性及其潜在价值同人类劳动的特殊关系分析，我们必须采取措施来保证环境资源价值的充分实现和可持续利用，必须正确认识环境资源的价值，必须结合现代市场交易机制、制度体系建立补偿资源环境价值的有效机制。在认识资源环境价值创造和流动的客观规律基础之上，充分利用科技创新中价值增值规律的作用，改变传统的资源利用模式和经济发展模式。

一个国家资源利用效率、环境友好程度和可持续发展的能力，是一国综合竞争优势的重要组成部分。在资源环境可持续利用的开发过程中，必须考虑资源环境利用的效率性、连续性和系统性，必须建立一个兼顾公平和效率，实现资源环境可持续性利用开发的综合体系。单纯依靠单一机制无法达成资源环境的可持续利用的目的，一种机制的弊端也需要用另一种机制的优势来克服，机制之间总是相互补充和发展。我们应该设计合理的市场交易机制来引导经济主体的行为，以经济主体追求自身利益最大化的行为为动力，遵循自然规律和环境规律我们就要以自然资源系统的自生能力和可持续性循环为目标，遵循技术规律，就要认识到资源环境可持续利用开发同科技创新的内在统一，以科技创新提升人类利用环境的能力，遵循社会规律就要认识到环境资源背后人类社会的利益关系，通过社会机制的创新，人力资本的流动改进资源的分配和流通机制，实现社会资本和自然资本的良好互动。因而，社会经济发展对资源环境可持续利用开发提出了新的要求。

（一）资源环境可持续利用开发要做好市场交易机制设计

市场交易机制作为实现资源环境可持续利用开发的重要组成部分，要将提升资源环境的利用效率和节约减排的成本纳入机制设计的目标，通过市场交易机制、价格体系、管理体系以及社会责任体系的有效配合，在充分利用利益主体追求自身利益的能动性基础之上，从交易模式和消费模式方面深入探讨生产和消费过程对资源环境可持续利用开发的影响。对我国来讲，所采取的环境经济手段应是在政府宏观调控的参与下利用市场机制来进行环境保护的方法，我们要在充分认识政府行为局限性的基础之上，实现政府和市场手段在范围、内容、方式上的配合，市场交易机制是在政府宏观调控下充分运用市场自发力量的机制，是政府和市场的有机融合。

由于现代资源环境问题已经涉及各个层次，在多数情况下市场手段是解决资源环境问题最直接、效率较高的方法，可以说，利用市场交易机制是配置资源环境基础性的机制，是通过市场手段和交易机制的设计来缓解资源配置的结构性冲突，实现经济利益的均衡。在环境保护的共同成本预算框架下，市场机制能够为各利益主体追求合法利益的有效平台，构建一个激励相容的有效框架。市场机制能够协调追求个人利益最大化的个体行动，从而达到预期目的。

（二）资源环境可持续利用开发要受宏观调控机构引导和监督作用

在资源环境可持续利用的模式中，政府必须转变自身的职能定位，弱化单纯的发布命令和行政管理智能，而是从执政理念上增强自身的生态责任，并强化在社会机制运行中的绿色职能。通过制定科学的、符合生态规律的发展战略和管理措施，提高政府对环境的宏观调控力，强化政府的宏观管理、协调、监督和服务职能。构建绿色政府，树立绿色行政理念，提升政府职能中节能减排环境保护职能的地位。政府调控和规制机制的设计过程是不断变换政府行为的重点并适应经济结构和环境变化的动态调整过程。强调政策的体系性和相互配合，政府必须通过激励与引导功能，完善资源环境的产权与价格形成机制，提供信息服务和有效的监督机制等实现政策的互动与协调。在具体的政策设计过程中，基于宏观层面与微观层面经济现象的不同，政府除了依靠经济手段来发挥政府的职能外，还要从宏观层面完成综合调控、协调与监管体系的设计。加强信息沟通，强化服务职能。为了加强信息的沟通，政府可以为企业之间的节能减排、环境保护创新的经验交流搭建信息平台。在环保信息服务方面，要有效利用专业人员的知识，通过建立全国性的专家库和咨询机构促进环境保护知识的共享和高效利用资源技术传播。

建立监控机制与绿色考评体系的目的在于落实以人为本，全面、协调可持续发展观，树立正确的政绩观，切实转变资源环境利用开发方式，引导各级政府树立绿色行政理念，并通过公众参与、自愿协议、信息公开等社会监督机制增强社会的资源环境可持续利用意识和自我监督能力。

(三) 资源环境可持续利用开发需要人才引进机制提供智力支持

引进人才带来科技创新效应，人才是一些思想和创新的源泉，可以说没有人才就没有社会创新发展。在资源环境可持续利用开发技术创新的过程中，通过直接引进海外领域人才可以带来新的思想和工作方法，在资源环境可持续利用开发创新体系的发展过程中有着重大的意义。在通常情况下，企业家在技术的传播发展过程中起到了非常重要的作用，引进具有创业精神企业家和风险投资的专家，在创新的市场化过程中可以有效地挖掘创新的潜力，有利于实现资源环境可持续利用开发的成长，为其创新提供了内在的动力。而海外人才尤其是中国留学生在国外社会环境生活多年，积累丰厚的社会资本，通过海外人才可以间接地引入社会资本，他们相当于桥梁和网络节点，构成了创新网络中的活体连接，形成与国外人才的各种联系，可以为未来引进人才提供信息，节约人才引进过程中供给方和需求方的交易费用，降低迁移风险，他们所从事的科技活动更有利于构建跨越国界知识网络和创新网络。由于人才引进、科技创新与资源环境利用方式转变存在系统的联系，经济发展本身具有系统性，这就需要人才引进机制与资源环境可持续利用开发的要求相适应。

(四) 资源环境可持续利用开发要厘清利益主体的博弈关系

从可持续发展的角度，资源环境利用开发涉及许多的利益相关者，它实际上包括了人类的与非人类的、现实的与潜在的利益主体。根据资源环境利用的领域、利益主体的利益性质、相关程度和影响方式，可将利益主体分为3个层次，即核心层、支持层和边缘层。核心层是资源环境的直接使用者和支配者，核心层的经济和社会状况以及价值取向直接影响资源环境的利用效果；支持层是在一定时间和空间上为核心层带来机会和威胁的利益相关者；边缘层是不能直接决定资源环境的用途，也不直接受到资源环境利用效果的影响，但是由于受到资源环境的系统性和社会系统的普遍联系性的制约而受到影响的利益主体。不同的利益主体之间，价值观、目标和诉求等都会有所不同，具有不同的成本构成和收益状况，它们之间的多重作用构成了错综复杂的利益关系网络。在进行资源环境可持续利用开发时，要将其利益主体分清。

（五）资源环境的可持续利用开发必须适应经济全球化的趋势

要正确认识贸易和资源环境保护之间的作用关系。资源环境是贸易正常进行的基础和必要条件，资源环境对贸易也有促进作用，由"绿色壁垒"带来的资源环境认证、绿色产品、绿色消费、绿色营销等新现象可以提升贸易质量并有利于贸易的可持续发展。我国在世界贸易中的份额和增长速度是世界上最快的，但是若忽视了可持续发展，继续保持传统的利用方式和经济增长模式，贸易份额的高增长必然伴随资源环境的恶化。因此，我们必须协调贸易同资源环境保护之间的关系。

要实现资源环境保护与贸易自由的平衡。在可持续发展原则指导下，贸易自由化可以为资源环境保护提供更多的资金和先进的技术，但是不顾环境和生态承受能力的贸易自由化则会导致资源与生态破坏和环境污染，而不恰当的资源环境保护措施则会制约贸易的发展，处理好贸易自由化与资源环境保护的关系已经成为重要的问题。我国进行机制设计的目的就是要维持资源环境保护与贸易自由化的平衡。

要实现资源环境利用开发和经济结构提升的平衡。我国必须改变过度依赖资源环境投入的传统产业结构现状，在融入世界经济的过程中，通过科技创新不断地提升我国的产业结构，争取在世界分工体系中处于上游才能够有效地保护我国的资源环境。[1]

---

[1] 张忠宇：《我国环境资源可持续利用的机制设计研究》，博士学位论文，吉林大学，2010年。

第三节　绿色 GDP 核算的新领域

一　绿色 GDP 核算理论

（一）现行 GDP 核算存在的缺陷

现行 GDP 核算只反映了经济运行的过程与结果，未体现经济活动对自然资源的消耗和对环境造成污染的代价。一是未考虑自然资源消耗成本。经济活动要开发利用自然资源 GDP 只核算了经济活动对自然资源的开发成本，却没有计算自然资源本身的价值，即自然资源耗减成本，结果高估了当期经济生产活动新创造的价值。二是未考虑环境降级成本。经济活动往往造成环境污染，引起环境质量的下降，亦称环境降级成本。GDP 核算一方面没有扣减环境降级成本，另一方面将环境保护支出作为投资活动。结果是污染物排放越多，环境保护支出就越多，GDP 也就越大。高估的 GDP 将导致对自然资源的过度消耗和对环境的严重污染，影响社会可持续发展[1]。

（二）绿色 GDP 的起源

正是由于上述 GDP 在这些方面的欠缺，所以部分经济学家和统计学家，尝试将环境要素纳入国民经济核算体系，并试图在衡量一个国家经济产出的同时，考虑资源的耗损和生态环境的破坏，以综合反映环境、经济的变化。针对于此，他们提出了用自然资源的耗损价值和生态环境的降级成本以及自然资源、生态资源的恢复费用等调整现有的 GDP 指标，也就是把自然资源的耗损价值、生态环境的降级成本和自然资源、生态环境的恢复费用等从国民生产总值中扣除掉，这就是所谓的绿色 GDP。

（三）绿色 GDP 理论

绿色 GDP 是指一个国家或地区在考虑了自然资源与环境因素之

---

[1] 吴优：《挪威和芬兰的资源环境核算》，《中国统计》1998 年第 5 期。

后经济活动的最终成果，它是在现有GDP的基础上计算出来的。或者说，绿色GDP核算就是将经济活动中所付出的资源耗减成本和环境降级成本从GDP中予以扣除。一般来讲，绿色GDP分为总值与净值：

（1）总值：绿色经济GDP（Greeneconomic GDP，GeGDP），它等于GDP扣减具有中间消耗性质的自然资源耗减成本。

（2）净值：经资源环境核算调整的国民生产净值（Environmentalv adjusted Net Domestic Product，EDP）它等于GeGDP减去固定资产折旧和具有固定资产折旧性质的资源耗减和环境降级成本。

具有固定资产折旧性质的资源耗减和环境降级成本相当于"资源与环境固定资产"在使用过程中被消耗的并转移到资源环境产品中去的价值，不是当期新创造的。所以，可持续发展的国民经济活动的最终成果应当是EDP[1]。

绿色GDP作为衡量指标能够为可持续发展理论提供数据支持，保障可持续发展的实现。就自然意义而言，绿色GDP从传统GDP中扣除环境退化的货币估值、环境损害预防支出、资源环境恢复成本和非节约利用资源的超额成本。从理论上看，绿色GDP相当于从传统GDP中扣除自然部分的虚数与人文部分的虚数，从而真正体现国民经济增长的正净效应。基于该理论，许多国家在研究绿色GDP核算体系方面取得了一定的成果，如1993年荷兰的《包括环境账户的国民经济核算矩阵体系》，菲律宾的《环境与自然资源核算计划》以及1994年欧盟统计局颁布的《欧洲环境的经济信息收集体系》。我国自2004年开始也正式开展绿色GDP核算的研究工作。2015年3月，环保部重启绿色GDP核算工作，并将于2016年选择部分地区进行绿色GDP 2.0的试点。绿色GDP理论及其实践，对资源与环境核算以及自然资源资产负债表的编制提出了现实要求[2]。

---

[1] 吴优：《挪威和芬兰的资源环境核算》，《中国统计》1998年第5期。
[2] 柏连玉：《森林资源资产负债表编制的理论基础探讨》，《绿色财会》2015年第10期。

二 绿色 GDP 核算内容

（一）绿色 GDP 核算内容

绿色 GDP 核算是逐步由资源环境实物量核算—资源环境价值量核算—资源环境与经济综合核算来实现的，核算内容包括土地、矿产、森林、水、海洋五大资源核算及污染治理、生态建设两大环境核算。在这里，最关键的是要理解三个概念，即资源、环境和生态系统。

资源是指在一国或一个地区领土和大陆架范围内所有自然形成的，在一定的经济、技术条件下可以被开发利用的实物资源的总称。它一般分为土地资源、矿产资源（如煤炭、石油天然气和其他矿产等地下资源）、生物资源（森林、野生动物等）、水资源（指地上及地下的淡水）和海洋资源，资源与经济的相互关系主要体现在期初期末的资源存量、流量两个方面。其中资源存量是国家财富的重要组成部分，资源流量构成绿色 GDP 核算的重点，具体表现为资源耗减成本，包括存货型资源耗减成本和资本型资源耗减成本。资源耗减成本在结构上可分为中间消耗性资源耗减成本（如矿产资源）和折旧性资源耗减成本（如森林资源、水资源、海洋资源），每种成本又可分为实际耗减成本和虚拟耗减成本。

环境是指与人类生存和发展有关的天然的和改造的自然因素的总体。环境污染是指污染物进入环境，使环境系统的结构与功能发生变化，对人类或其他生物的正常生存和发展产生不利影响。按环境要素划分，环境污染可分为大气污染、水污染、土壤污染、放射性污染等。环境保护成本是指由经济活动残余物影响的自然环境"功能性"服务质量下降的价值，包括环境保护实际支出成本和虚拟支出成本。环境损耗是指生产活动破坏生态环境造成的损失价值。自然资源和环境资源之间有着密切的联系，自然资源资产核算主要侧重于资源的数量，而环境资源资产核算则侧重于资源的质量方面。

生态系统指一定空间范围内，生物群落与其所处的环境所形成的相互作用的统一体。生态系统中，生物群落处于核心地位，代表系统的生产能力、物质和能量流动强度以及外貌景观等。生态系统包括地球表面上的陆生生态系统、水生生态系统和地球表面生态环境的核算包括生态环境效益与损耗两方面。社会经济活动影响的自然环境"生态效能性"服务质量下降的价值，支出成本和虚拟支出成本。生态建设成本指生态环境实际①。

（二）自然资源耗减成本与环境降级成本

自然资源耗减成本是指在经济活动中被利用消耗的价值。根据自然资源的特征，有些自然资源具有一次消耗性质，如不可再生的矿产资源、部分可再生的森林资源（用材林）和北方及西部的水资源，这些资源的使用为资源耗减成本，具有中间消耗的性质。有些自然资源具有多次消耗性，如土地资源、部分可再生的森林资源（特用林、防护林等）和南方的水资源，这些资源的使用类似于固定资产使用的性质，其资源耗减具有"固定资本折旧"性质。

环境降级成本是指由于经济活动造成环境污染而使环境服务功能质量下降的代价。环境降级成本又分为环境保护支出和环境退化成本，环境保护支出指为保护环境而实际支付的价值，环境退化成本指环境污染损失和为保护环境应该支付的价值。自然环境主要提供生存空间和生态效能，具有长期、多次使用的特征，也类似于固定资产使用特征。这样，由经济活动的污染造成的环境质量下降的代价即环境降级成本，也就具有"固定资产折旧"性质。

在实际核算中，根据估价方法的不同，对资源耗减成本、环境保护支出、环境退化成本又分为实际成本和虚拟成本，实际成本指在经济活动中明确发生、实际支出的资源环境成本，虚拟成本指在经济活动中不能直接体现、需要间接估算的资源环境成本。一般来说，资源耗减成本大部分为虚拟成本，环境保护支出为实际成本，

---

① 孙晓明：《关于绿色 GDP 理论和实践的思考》，硕士学位论文，广西大学，2008年。

环境退化成本为虚拟成本。

测算资源环境成本和环境降级成本是调整 GDP，测算绿色 GDP 的关键所在，也是难点所在。由于资源环境问题是非市场化的，没有明确的市场价格，这就极大地影响了估算资源环境成本的可操作性。目前，国内外都还没有能够较好解决资源环境成本估价问题的技术方法。

所谓的国内生产总值，就是指经济社会（一国或者一个地区）在一定时期内运用生产要素生产的全部最终产品的市场价值。这个指标，反映了一定时期内一个国家的宏观经济总量[①]。

三 对绿色 GDP 核算的几点新要求

（一）建立以绿色 GDP 为核心指标的综合经济与环境核算体系是一项长期、艰苦的工作

在世界各国使用最广泛的绿色指标体系主要是以联合国开发并推荐的 SEEA 体系为基础的，SEEA 2003 文本中多次指出，建立 SEEA 是一个雄心勃勃的目标，但在现阶段是难以完全实现的。对于我国来说，此项工作更是处于起步尝试阶段，尚有许多问题和困难待解决。

一是理论研究储备不足。目前我国对国际研究跟踪不够，缺乏对发达国家关于综合经济与环境核算工作的深入了解，还不能全面、系统地把握和阐述整个 SEEA 所提供的理论与方法，没有设计出一套科学合理的核算框架体系和方法思路，对实际数据测算缺乏有力的理论支持和指导。

二是国民经济核算基础和资源环境核算基础薄弱。就 GDP 核算来说，还存在服务业核算、不变价核算、季度核算等方面不健全、不规范的问题，GDP 核算是绿色 GDP 核算的基础，基础的不完善必然制约绿色 GDP 核算工作的顺利开展。就资源环境核算来说，现开展的核算仅是土地、森林、地下矿产、水四种自然资源的实物量核

[①] 吴优：《挪威和芬兰的资源环境核算》，《中国统计》1998 年第 5 期。

算,还有许多基础性的工作,如理论方法研究、整体框架体系的设计、核算方案的制订、实施步骤的确立等都处于起步阶段,与SEEA的基本要求有着相当大的差距。

三是资源与环境估价的方法不成熟。将资源环境纳入国民经济核算体系、进而测算绿色GDP,关键是要解决资源与环境的估价方法问题。虽然目前国际上已有一些这方面的研究成果和案例,但仍未形成一个国际公认的估价方法,而我国在此基础上如何总结、选择、运用这些方法,将是一项十分艰巨、充满探索的工作。

因此,对我国开展绿色GDP核算工作的艰巨性一定要有清醒的认识,要有长期攻关的思想准备,应该本着科学务实的态度,积极稳妥地推进绿色GDP核算工作的开展与实施。

(二)建立以绿色GDP为核心指标的综合经济与环境核算体系需要厘清资源环境核算与绿色GDP核算关系

一是要明确资源环境核算是测算绿色GDP的基础和前提,绿色GDP是资源环境核算的最终目标。根据SEEA 2003的基本思路与框架,建立以绿色GDP为核心指标的综合经济与环境核算体系主要由四大内容或四个步骤组成:①核算为保护资源环境而付出的实际成本。②编制自然资源流量与存量的实物量核算表,对自然资源进行估价并编制货币型账户。③编制残余物或污染物排放量的实物量账户,对所造成的环境损失进行估价。④以前三项核算内容为基础,对传统的经济总量GDP进行调整,测算绿色GDP,重新评价经济发展成就。显而易见,没有前三项基础性工作,就无法实现对GDP的调整,即无法测算出科学可靠的绿色GDP。

二要明确进行资源环境核算并不只是测算绿色GDP这一单项指标。根据SEEA 2003的宗旨,进行资源环境核算的目的是建立以绿色GDP为核心指标的综合经济与环境核算体系,根本目的是要正确描述资源环境与经济活动之间的关系,并且提供一整套反映这种关系的数据,这些数据能够从不同层面、不同角度、不同分类清楚地描述谁消耗了资源、谁在排放污染、谁在进行环境保护活动,这对宏观决策部门来说是最有用的信息。而绿色 GDP 这一指标由于单一笼统、许多信息被平均化、模糊化，只能反映总体趋势，其使用价值在制定政策方面则有一定的局限性。

（三）建立以绿色 GDP 为核心指标的综合经济与环境核算体系需要多部门的密切合作

开展绿色 GDP 核算工作涉及许多资源环境部门和科研机构及高等院校，绝不是一两个部门就可以单独完成的工作。近几年来，各有关部门为适应可持续发展的要求，广泛开展资源环境统计核算理论研究和实践，为建立以绿色 GDP 为核心指标的综合经济与环境核算体系奠定了坚实的基础。目前，需要尽快地将不同部门分类统计与核算统一到国民经济核算体系中来，进一步加强各有关部门的沟通与交流，充分利用现有的资料和研究成果，避免各自为政。

因此，在建立以绿色 GDP 为核心指标的综合经济与环境核算体系的工作中，应贯彻多部门与多学科结合、管理人员与科研人员结合、试点工作与普遍性规律结合、定量分析与定性分析结合的原则，充分调动各方面的积极性，以保证工作的顺利进行。

（四）建立以绿色 GDP 为核心指标的综合经济与环境核算体系不意味着简单否定 GDP

科学发展观的提出，人们已从单纯追求 GDP 逐渐转变到全面、协调、可持续发展的理念上来，绿色 GDP 指标已日益深入人心。但需要指出的是，简单否定 GDP 指标的倾向也是不符合科学发展观的，不能把由片面追求 GDP 所带来的资源耗减、环境污染的现象归因于 GDP 的核算体系。众所周知，GDP 是按市场价格计算的一个国家所有常住单位在一定时期生产活动的最终成果，它是一个国家宏观经济情况的综合反映，是宏观决策部门了解、把握经济运行状况的工具，也是制定各项政策的重要依据。虽然 GDP 指标存在一定的缺陷和不足，但在我国整个现代化建设进程中保持 GDP 的增长则是至关重要的。

因此，在建立以绿色GDP为核心指标的综合经济与环境核算体系的同时，应该用科学的态度全面认识和正确看待GDP，准GDP论不符合科学发展观，忽视或否定GDP同样也不符合科学发展观[①]。

---

① 吴优：《挪威和芬兰的资源环境核算》，《中国统计》1998年第5期。

第三章 自然资源资产负债核算制度

第一节 国内外自然资源资产负债核算的进展和尝试

一 国外自然资源资产核算研究现状

在国际上,关于自然资源的核算最初是于20世纪70年代开始的,学者们尝试着建立了量化的指标来度量区域资源环境与经济社会发展的关系。其间,较为突出的指标有:麻省理工学院1971年提出的生态需求指标,这个指标定量地揭示了经济的增长对环境所产生的压力(Rosenthal R. W.,1971)。William Nordhaus在1972年提出的净经济环境指标,这个指标的提出,引发了学者们对于资源环境计量的广泛关注(Nordhaus W. D.,1972)。Robert Repetoo在1989年提出要重点考虑资源损耗与经济增长率之间的关系,即净国内生产净值,并计算了印度尼西亚1971—1984年扣除石油、木材等资源损耗后的经济增长率(Repetto R.,1989)。Herman Daly等在1989年提出了可持续经济福利指标,这个指标试着考虑将更多的可以反映社会因素的指标纳入体系当中,区分了经济活动当中各种成本与效益,进而给出了较为真实的经济增长率(Daly H. E.,1989)。世界环境与发展大会在1992年提出将环境和资源要素纳入国民核算体系中,并且提出了一个综合环境与经济核算体系(UN,2003)。联合国在1995年提出了可持续发展指标,这个指标综合地考虑到了经济、社会、环境及政府组织与民间机构等多要素的行为（王树林，2001）。上述的这些指标，分别从经济、社会、环境的角度出发核算自然资源，反对单纯以 GDP 来表示一个国家的经济水平，尝试着将可以反映资源环境的一些要素加入体系当中，为后来的自然资源核算体系的建立与完善提供了理论支持。与此同时，不同的国家也在进行着自然资源核算的具体尝试。[1]

二　国外自然资源资产核算的尝试

（一）挪威自然资源资产核算概述

系统地进行自然资源核算较早的国家之一——挪威（Gerlagh R.，2002）早在 1968 年就成立了报告挪威自然资源使用情况及管理情况的委员会。1972 年，挪威环境部建立挪威自然资源环境体系，1978 年之后由挪威统计局负责了自然资源核算和环境核算的相关研究工作。挪威对自然资源的核算主要是针对土地资源、水资源以及渔业和森林资源的核算。不久，挪威统计局就开始了编制包含能源资源、渔业资源、矿产资源和森林资源在内的自然资源实物核算账户的工作，并在 1987 年公布了项目的初步成果《挪威自然资源核算》，这份报告中提出了将自然资源分为物质资源与环境资源（见表 3-1），并在此基础之上，初步建立了自然资源实物核算框架[2]。

表 3-1　　　　　　　挪威自然资源核算资源分类

	资源分类	资源属性
物质资源	1. 矿物资源——如矿石、煤、石油等	不可再生资源
	2. 生物资源——如植物、动物等	条件性可再生资源
	3. 流动资源——如太阳能、海流等	可再生资源
环境资源	如空气、水、土地等	条件性可再生资源

---

[1] 陈玥、杨艳昭、闫慧敏、封志明：《自然资源核算进展及其对自然资源资产负债表编制的启示》，《资源科学》2015 年第 9 期。

[2] 吴优：《挪威和芬兰的资源环境核算》，《中国统计》1998 年第 5 期。

但是，挪威的自然资源的核算是以实物量的核算为主，因此更多的是核算物质资源的总储量、可开发量和资源利用等方面（孔繁文，1991）。由表3-2可知，挪威核算的内容主要为四部分：储量核算；开采、转换和贸易核算；国内使用；消费核算。

表3-2　　　　　　　　　物质资源核算结构

储量核算	期初	资源基数 储量（开发、未开发） 核算期间的总开采量 资源基数调整（新发现的资源、已探明资源的再评价） 储量调整（新技术、开采费用、运输、资源价格等）
	期末	资源基数调整（新发现的资源、已探明资源的再评价） 资源储备（已开发、未开发）
开采、转换和贸易核算		总开采量（部门）－开采部门所使用的资源量＝纯开采量（部门） 进口量（部门）－出口量（部门）＝纯进口量（部门）
国内使用		储备变化量 纯开采量＋出进口量±储备变化量
消费核算		国内使用（最终使用类别、商品）

（二）芬兰自然资源资产核算概述

芬兰的自然资源核算统计工作主要是由芬兰统计局商业机构统计部门承担的，经济统计部门协助参与。芬兰统计局在1985年参照挪威自然资源核算的模式，建立了芬兰自然资源核算框架体系。但是，芬兰作为世界上森林资源最为丰富的国家之一，其进行的自然资源核算的内容主要是森林资源核算，环境保护支出费用的核算和空气排放的调查。芬兰森林资源核算运用的是欧盟的"欧洲森林核算框架"，主要有三部分内容：第一是森林资源实物量的核算，包括了木材数量、森林区域开发状况、相关生态状况数据等方面的信息。第二是森林的质量指标，有森林生态系统指标、娱乐指标以及森林数量、质量等方面变化的指标等。第三是森林资源价值量的核算，包括木材的使用情况、森林生长的情况、碳化物形成情况、森林的生产能力等指标。之后芬兰统计局编制了三套账户，来与这套森林核算体系相配套实施：第一套是森林供给平衡表。主要是因为自然生长或是自然损失等导致的木材存量的增长变化的核算。第二套账户是森林资源使用平衡表。主要包括木材砍伐和加工，有木材的中间产品、最终产品、木材燃料和废物。第三套账户是总量平衡表。主要包括森林产业的中间产品、最终产品、木材燃料和废物供给与使用的综合统计。[①] 在20世纪50年代初期，芬兰统计局对森林资源的核算主要还是实物量核算，在90年代之后，才开始了森林资源价值量统计与核算。

（三）澳大利亚自然资源资产核算概述

澳大利亚是目前世界上少数几个能够定期公布国家资产负债表的国家之一，其国家资产负债表在格式上基本与SNA—2008提供的格式相同。澳大利亚将自然资源作为国家资产负债表中的资产，但是其所包含的明细项目与SNA—2008有所不同。随着SEEA—2012的不断发展，作为在自然资源资产核算方面比较前列的国家，澳大利亚根据SEEA—2012编制了土地和水资源的资产账户。

表3-3中横向表示的是土地分类用途，纵向表示的是土地存量在本核算期内发生的变化数量以及变化原因。从表3-3中可以看出，产权主体所拥有的各类用途的土地资源的数量，并且还能看到这些土地资源在核算期内所增减的数量以及增减的原因[②]。

而表3-4中横向同样表示为水资源不同的分布形式，纵向表示的是水储量在本核算期内发生变化的数量以及变化的原因。在澳大利亚水资源核算主要经历了几个阶段：2004年，联邦政府与州、地方政府签署了水资源促进计划联合政府协议，正式开展通用水资源会计方法研究。2006年，国家水资源促进计划完成了第一个澳大利

[①] 吴优：《挪威和芬兰的资源环境核算》，《中国统计》1998年第5期。

[②] 陈玥、杨艳昭、闫慧敏、封志明：《自然资源核算进展及其对自然资源资产负债表编制的启示》，《资源科学》2015年第9期。

表3-3　　　　澳大利亚土地资源利用（货币计量）

	农业用地	林业用地	水产养殖	建筑用地	保持回复环境用地	未分类土地	未使用土地	内陆水域	合计
期初土地存量									
存量增加									
获得土地									
重新分类									
增加合计									
存量减少									
处置土地									
重新分类									
减少合计									
期末土地存量									

表3-4　　　　澳大利亚水资源分布（实物计量）

	地表水				地下水	土壤水	合计
	人工水库	湖泊	河流	雪、冰和冰川			
1. 期初存量							
存量的增加							
2. 回归水							
3. 降水							
4. 入流							
存量的减少							
5. 取水							
6. 蒸发/实际蒸散							
7. 出流							
8. 其他总量变化							
9. 期末存量							

亚水资源会计核算实务。鉴于水资源核算的特殊性，没有统一的会计处理标准，只能设立一个类似于"财务会计准则研究"的项目来

制定会计准则（WASB，2009）。2007年，国家水资源促进计划成立了水资源会计发展委员会，组织专家研究水资源会计信息特征、起草水资源会计概念框架等。同年，澳大利亚水资源法案通过，为澳大利亚水资源会计准则提供了法律基础[1]。法案规定：澳大利亚气象局负责制定水资源会计信息确认标准和收集维护全国水资源账户。2008年，水资源会计发展委员会改为水资源会计准则委员会（WASB），成为气象局的一个独立的专家咨询委员会。2009年，水资源会计准则委员会（WASB）相继发布了水资源会计概念框架（WACF）和水资源会计准则初稿，并通过有针对性的实用试验测试，逐步完善水资源会计的建设。2010年，澳大利亚气象局批准水资源会计准则第一号草案（ED AWAS1），这是澳大利亚水资源核算发展的重要里程碑。草案的内容包括：水资源会计要素的定义、水资源会计要素确认条件、计量单位和计量属性、披露要求等。2012年水资源会计准则委员会在水资源会计准则第一号草案的基础上，不断对草案进行测试，邀请利益相关者进行评论，并鼓励人们采用草案，最终形成了水资源会计准则第一号（AWAS1）。之后，为了提高水资源会计的可靠性，审计与核算标准委员会、气象局和水资源会计准则委员会共同发布了水资源会计准则二号[2]。

三　国内自然资源资产核算进展

中国的自然资源与环境核算的研究，主要是针对三个方面：资源核算、环境污染损失核算与资源环境综合核算。20世纪80年代初期，我们国家就有学者开始对国家资产负债表进行研究，但是尚未达到对资源核算十分系统的水平[3]。1987年，卢佩托的《挪威的自然资源核算与分析》《关于自然资源核算与折旧问题》和洛伦兹

---

[1]　陈波、杨世忠：《公计理论和制度在自然资源管理中的系统应用——澳大利亚会计准则研究及其对我国的启示》，《会计研究》2015年第2期。

[2]　耿建新、胡天雨、刘祝君：《我国国家资产负债表与自然资源资产负债表的编制与运用初探——以SNA—2008和SEEA—2012为线索的分析》，《会计研究》2015年第1期。

[3]　姜文来、龚良发：《中国资源核算演变历程问题及展望》，《国土与自然资源研究》1999年第4期。

的《自然资源核算与分析》等研究报告被李金昌等翻译，进而引发了国内学者对自然资源核算的注意（曹俊文，2004；李金昌，1987）。1988年，国务院发展研究中心与世界资源研究所联合开展了"自然资源及其纳入国民经济核算体系"的课题研究，对资源分类、资源定价、资源折旧和综合核算以及自然资源纳入国民经济核算体系等进行了广泛的研究（李金昌，1990；李金昌，1991；李金昌，1992）。2003年国家统计局出版了《中国国民经济核算体系（2002）》（国家统计局，2003），其中设置了实物量自然资源核算表作为卫星账户，并拟定了核算方案编制了2000年全国的土地、水资源、矿产和森林资源实物量表。之后，在此基础上展开了这四种资源的价值量的核算（张建华，2002）。我们国家曾在1996年试编国家和地方资产负债表，但是编制结果并未对外公布，并且在2007年后，此项工作便停止了。但是在此期间，我国很多学者相继提出了自己的想法。雷明在（Leontief W.，1970）复合核算思想的基础上，结合以SNA为基础的国民经济核算与以实物量核算的资源环境核算，提出了资源—环境绿色投入产出表，从人类经济活动给资源环境所带来的消耗以及占用两个方面来反映系统和资源环境的关系（雷明，2006）。之后，杨世忠等学者提出了宏观环境会计核算体系框架，提出了环境资产变动、环境资产负债表和环境损益表的基本框架（杨世忠，2010）。

  2013年党的十八届三中全会通过的《中共中央关于全面深化改革若干重大问题的决定》（以下简称《决定》），明确提出了"加快建立国家统一的经济核算制度，编制全国和地方资产负债表"以及"探索编制自然资源资产负债表，对领导干部实行自然资源离任审计"的要求。这意味着编制国家资产负债表和自然资源资产负债表的作用逐渐被大家重视，成为国家级的战略任务。《决定》对这两种"资产负债表"的重视，彰显了党中央锐意改革的决心和智慧。而在国务院办公厅2015年11月8日印发的《编制自然资源资产负债表试点方案》中，提到通过探索编制自然资源资产负债表，推动建立健全科学规范的自然资源统计调查制度，努力摸清自然资源资产的家底及其变动情况，为推进生态文明建设、有效保护和永续利用自然资源提供信息基础、监测预警和决策支持。由此可见，我们国家对于自然资源资产负债表的编制越来越重视，对此方面的研究也越来越广泛。目前，我们国家核算的自然资源主要是稀缺的且所有权明确的。综合多位学者的观点，本书中将自然资源分为土地资源、水资源、森林资源、矿产资源、草地资源、海洋资源、能源资源七大类。[1]（郝晓辉，1995；丁玲丽，2005；潘震宇，2002；彭武珍，2013）

第二节 中国自然资源资产负债表的提出和试点

一 中国自然资源资产负债表的提出

《决定》对国家资产负债表和自然资源资产负债的重视，彰显了党中央锐意改革的决心和智慧，同时，这也是健全自然资源资产管理制度内容和推进生态文明建设的重要途径（中国共产党第十八届中央委员会第三次全体会议，2013）。利用自然资源资产负债表来表示国家或地区自然资源资产存量和流量状况，有助于国家或是地区摸清本地的自然资源，为当地制定核实的经济政策和优化资源配置提供科学的依据。十八届三中全会将编制国家资产负债表和自然资源资产负债表写在了大会发布的《决定》之中，这将成为相关机构、部门未来的重要战略任务。[2] 然而，我国在与此相关领域的理论准备和实践尝试均十分缺乏，大量基本问题亟待探讨和

---

[1] 陈玥、杨艳昭、闫慧敏、封志明：《自然资源核算进展及其对自然资源资产负债表编制的启示》，《资源科学》2015年第9期。

[2] 耿建新、胡天雨、刘祝君：《我国国家资产负债表与自然资源资产负债表的编制与运用初探——以 SNA—2008 和 SEEA—2012 为线索的分析》，《会计研究》2015年第1期。

回答。

自然资源资产负债表是将一国或地区的所有自然资源资产分类加总形成的报表，它将综合体现某一时点上区域自然资源资产的"家底"，反映一定时期内自然资源的使用状况及其对生态环境的影响。编制自然资源资产负债表，就是要核算自然资源资产的存量及其变动情况，以全面记录当期各主体对自然资源资产的占用、使用、消耗、恢复和增值活动，评估当期自然资源资产实物量和价值量的存量和流量变化，实现对经济社会发展过程中的自然资源消耗及环境损害进行动态监测，进而建立相关制度体系，以确保生态文明建设与经济建设、政治建设、文化建设和社会建设协调发展。自然资源资产负债表的编制，是通过翔实地记录每一次自然资源数量与质量的变化，评估核算期内因人类的自然资源利用活动而导致的自然资源功能与价值的变化。所以，自然资源资产负债表可以表示为：反映自然资源产权主体在某一特定日期内（通常是月末、季末或年末），全部自然资源资产、负债以及净资产的财务报表。它总的反映了自然资源产权主体在某一特定日期内所拥有的或控制的自然资源、所需承担的现有义务以及自然资源资产减去自然资源负债之后的净资产。编制自然资源资产负债表，主要为了清晰地反映自然产权主体所拥有的自然资源以及这些自然资源的分布情况，反映自然资源产权主体自然资源资产与自然资源负债的结构，以及该主体偿还自然资源负债的能力，反映自然资源产权主体现有资源的状况，并通过净资产预测该主体的未来发展趋势。编制土地资源资产负债表可以为保护自然资源，领导干部离任审计等提供可参考的数据支持。

众所周知，我们国家的领导干部离任审计的重点就是经济发展的成果、重大的经济决策、改革的创新等方面，而核心的内容就是考察领导人的政绩，也就是当地的GDP、财政支出等。但是在过去的很长时间中，许多领导干部过度地追求了GDP的增长，只看到了经济的发展，忽视了对自然资源环境的保护，造成了自然资源的浪费与自然生态环境的破坏。因此，对领导干部实行离任审计时，应当把实施自然资源离任审计加进去，对这方面来说，编制自然资源资产负债表就显得十分重要。从《决定》的要求来看，对领导干部实行自然资源资产离任审计是编制自然资源资产负债表最直接的动因。在这种新形式的任期责任审计中，自然资源资产负债表提供了与经济发展成果和财政收入增长相配比的自然资源变化情况数据，是所有与宏观经济有关审计工作的线索和审计证据的来源。离开自然资源资产负债表，任期责任审计就只能围着 GDP、财政收入等指标转，而绿色 GDP、可持续发展等则从本质上缺少可供验证的数据。①

二 中国自然资源资产负债表的试点

在国务院办公厅 2015 年 11 月 8 日颁发的《国务院办公厅关于印发编制自然资源资产负债表试点方案的通知》中将《编制自然资源资产负债表试点方案》（以下简称《方案》）详细列出。《方案》中提到：2015 年 11 月至 2016 年 12 月在内蒙古自治区呼伦贝尔市、湖南省娄底市、陕西省延安市、贵州省赤水市与浙江省湖州市五个地区展开我国的自然资源资产负债表编制的试点工作。其中，2015 年 11 月至 2016 年 7 月为第一阶段，主要收集整理资料，编制 2011 年以来核算期自然资源资产负债表；2015 年 8 月至 2016 年 12 月为第二阶段，主要任务是提交试点报告，并提出完善方案建议。在编制过程中，要认真贯彻党的十八大和十八届二中、三中、四中、五中全会精神，以邓小平理论、"三个代表"重要思想、科学发展观为指导，深入贯彻习近平总书记系列重要讲话精神。《方案》还提出我们国家编制自然资源资产负债表要遵循坚持整体设计、突出核算重点、注重质量指标、确保真实准确和借鉴国际经验的原则，借鉴国际上优秀先进的经验，将自然资源资产负债表的编制与生态文

---

① 耿建新、胡天雨、刘祝君：《我国国家资产负债表与自然资源资产负债表的编制与运用初探——以 SNA—2008 和 SEEA—2012 为线索的分析》，《会计研究》2015 年第 1 期。

明制度体系相结合，以生态文明建设的要求与广大人民的需求为基础，运用真实准确的数据，通过编制出的自然资源资产负债表来反映自然资源的变化情况。

在此次的试点工作中，我们国家在编制自然资源资产负债表时主要是针对土地资源、水资源与林木资源的核算。其中，土地资源资产负债表主要是针对耕地、草地等土地的使用情况的核算，以及它们质量等级的分布情况和变化情况。水资源资产负债表主要是针对地表水与地下水的核算，包括它们的质量等级的分布情况和变化情况。林木资源资产负债表主要是针对包括天然林木、人工林木以及其他种类林木的蓄积量等的核算。在自然资源资产负债表编制的方法上，核算期采用与我国会计核算期间一致的公历年度1月1日至12月31日，运用：期初存量+本期增加量-本期减少量=期末存量的等式反映自然资源的期初存量、期末存量以及核算期内的变化量。

《方案》中还提出：自然资源资产负债表的编制工作意义重大，必须高度重视，精心实施，确保试点工作可以取得切实的成效。加强领导，落实责任。成立由统计局、发展改革委、财政部、国土资源部、环境保护部、水利部、农业部、审计署、林业局有关人员组成的自然资源资产负债表试点工作的指导小组。同时，还成立自然资源资产负债表专家咨询组，负责提供专业的理论、政策及技术的指导。试点地区政府要成立组织协调机构，建立沟通协调机制。相关部门还要较强与负责领导班子和领导干部的政绩考核工作，信息共享，夯实基础。在试点地区编制自然资源资产负债表的相关工作，由统计局牵头，将编制自然资源资产负债表所需要的各项基础数据理顺，同时还要加强与其他部门之间的沟通，使各个部门之间的沟通能够做到及时、主动、准确[1]。

---

[1] 国务院办公厅：《国务院办公厅关于印发编制自然资源资产负债表试点方案的通知》，中国政府网（http://www.gov.cn/zhengce/content/2015-11/17-content-10313.htm）。

第三节　自然资源资产负债表核算技术中亟待解决的问题

一　部门之间、学界之间配合程度不高

想要编制好自然资源资产负债表，需要许多学界、部门的共同努力。会计、审计学界必须对自然资源资产负债表的编制与运用给予足够的重视，自然资源资产负债表的成功编制依赖于会计理论与方法，需要借助会计学者和会计从业人员的工作[①]。同时，自然资源资产负债表又是完善领导干部任期责任审计制度的重要工具。但是，就目前的情况来说，会计与审计学界对自然资源资产负债表的重视程度不足，明显影响了它的编制与运用。会计学界应当注重环境会计的发展，对自然资源资产负债表编制的基本问题进行深入探讨。而审计学界则需要着重研究领导干部自然资源资产离任审计的相关问题。同时，如《编制自然资源资产负债表试点方案》中提到，自然资源资产负债表编制工作是由试点地区统计局牵头实施，其他部分配合完成工作。但是在现实生活中，各个部门之间往往配合度不高，很少能够做到及时主动地将部门已有或已整理的相关资料提供给统计部门或其他相关部门，且在实际编制过程当中，还会出现有些整理较为烦琐、复杂的资料很难在第一时间提供，以及数据资料不完整的情况，这些状况都会导致部门之间的交流沟通更为困难，降低自然资源资产负债表编制工作的效率。

二　目前核算系统不够完善

无论是什么自然资源，核算的前提都是产权主体十分明晰。但是从目前的情况来看，自然资源的产权主体存在很大的争议，在核

---

① 耿建新、胡天雨、刘祝君：《我国国家资产负债表与自然资源资产负债表的编制与运用初探——以 SNA—2008 和 SEEA—2012 为线索的分析》，《会计研究》2015 年第 1 期。

算或编制资产负债表的过程中存在很大的问题。对于自然资源核算来说,建立一个规范、高效的核算系统,来负责编制自然资源资产负债表的复杂工作还是十分必要的。从我国目前的现实情况看,现有基础统计资料不够详细,统计部门几乎没有编制自然资源资产负债表的实践经验,因此越发需要建立一个集中领导,多部门分工协作,既能做到政出一门,又可集中多方力量的新核算系统(耿建新,2015)[1]。在这样的系统中,我们要做到明确自然资源管理的权力与责任,杜绝多部门管理、各行其是的乱象。同时还要在全国范围内制定统一的自然资源核算表格,明确各个部门在编制自然资源资产负债表的过程中应完成的任务,建立起一套科学、统一的自然资源核算体系。同时还要建立和完善我国自然资源的台账系统,对每一类自然资源都进行账户式的管理,为自然资源资产负债表的编制提供基础数据的支持[2]。

三 从实践中积累经验

对审计工作而言,在自然资源资产负债表尚未编制完成前,可以对领导干部自然资源资产离任审计进行一些实践尝试,为未来的工作积累经验。2014 年 10 月,国务院发布《国务院关于加强审计工作的意见》(国发〔2014〕48 号文),再次明确指出,要"加强对自然、矿产等自然资源,以及大气、水、固体废物等污染治理和环境保护情况的审计,探索实行自然资源资产离任审计"。会计、审计学界应当以饱满的热情、积极的态度看待自然资源资产离任审计这一即将出现的、有着强大生命力的未来业务。无论自然资源资产负债表的编制是否完成,我们都应该尽早为以自然资源资产负债表为先导的领导干部离任审计拉开序幕。一方面要扩大现有的资源

---

[1] 耿建新、胡天雨、刘祝君:《我国国家资产负债表与自然资源资产负债表的编制与运用初探——以 SNA—2008、SEEA—2012 为线索的分析》,《中国人口·资源与环境》2015 年第 1 期。

[2] 胡文龙、史丹:《中国自然资源资产负债表框架体系研究——以 SEEA—2012、SNA—2008 和国家资产负债表为基础的一种思路》,《中国人口·资源与环境》2015 年第 8 期。

环境审计的范围，加大审计力度，由此加深对自然资源资产的了解和认识，为未来自然资源资产负债表编制完成后的工作打下基础；另一方面则要强化对领导干部任期责任审计的自然资源资产审计部分，探索从自然资源资产方面对领导干部任期责任进行评价的具体方法和考核指标①。

四　兼顾自然资源的经济、社会与生态价值

自然资源具有多重价值，有经济价值、生态价值和社会价值。自然资源的经济价值并不是从来就有的，而是社会发展到一定的时期才出现的。人类利用自然资源，并创造了自然资源的使用价值。为了满足人类的社会需求，会在使用自然资源的过程中，投入一些额外的劳动，又由于这些在自然资源生产过程中伴随人类劳动的投入，于是整个现存的、有用的、稀缺的自然资源都表现为具有价值，其货币化表现为价格。自然资源的生态价值体现在自然资源及附着在自然资源上的生物（包括人类）构成的生态系统的生态价值。这个生态系统有着许多的生态功能，这个生态系统是一个有机的统一体。无论其中哪一个部分发生了变化，都会引起整个系统的变化。这种变化无论是积极的还是消极的，都体现了自然资源的生态价值。自然资源的社会价值体现在直接的物质价值转化为社会功能的间接价值，主要包括保障国家安全、维护社会稳定等方面的价值。自然资源的社会价值也可以称为自然资源社会保障价值和社会稳定价值之和。在编制自然资源资产负债表的时候，需要兼顾到自然资源三方面的价值，综合考虑自然资源的经济功能、生态功能与社会功能，并且将人类的经济活动与生态保护活动对自然资源功能的改变纳入核算体系中，系统的整合、归纳土地利用过程中自然资源的价值及其变化。

五　兼顾自然资源的数量与质量

在我们日常的生活生产中，自然资源利用的变化在改变各类自

---

① 耿建新、胡天雨、刘祝君：《我国国家资产负债表与自然资源资产负债表的编制与运用初探——以 SNA—2008 和 SEEA—2012 为线索的分析》，《会计研究》2015 年第 1 期。

然资源面积的同时,也导致了自然资源的质量与功能发生变化,从而改变了自然资源的价值。我们不仅要注意到人类的经济活动对自然资源资产造成的减值,还要看到一些生态保护活动进行得很好的地区,对当地的自然资源质量带来改善从而引发的自然资源资产升值。因此,在核算时兼顾到自然资源数量与质量特征的核算体系才能够准确地体现人类活动对自然资源资产的影响。在核算自然资源与编制自然资源资产负债表时,还应当注重核算方式的科学性与实用性,尽可能地根据自然资源的用途选择准确的价值化方法,同时兼顾地域特点和数据来源,采用客观翔实的基础数据和科学方法来完成核算与资产负债表的编制。

六　编制过程中的顺序问题

实物入手、价值其次,首先编制自然资源资产实物表。实物核算是自然资源核算的基础,而价值核算则是它的目标。实物核算是在对自然资源及其利用情况进行真实、准确和连续统计的基础上,以账户等形式反映自然资源的存量、流量和平衡状况。自然资源的价值核算是以对自然资源进行翔实的物理量统计和合理估价为基础,运用账户或比较分析方法,来反映一定时空范围内自然资源价值问题及增减情况。它的目的是在以价值量的形式来反映一个地区自然资源总量水平和它的变化情况,来把握自然资源总体状况和它的变化情况,也就是综合价值量核算。自然资源价值核算能将不同形式、类型的自然资源统一到相同的度量体系中并服务于国民经济核算,且可以进行不同核算单元的横向综合对比。所以,编制自然资源资产负债表第一步可以先编制自然资源资产实物表,再编制自然资源资产价值表。存量入手、流量其次,首先编制自然资源资产存量表。自然资源资产的存量核算反映的是某个时间点自然资源资产的统计状况,而流量核算是对存量核算的不断更新与完善。自然资源资产的存量核算对评估某一时间点的资源问题及其与经济总量之间的关系十分有益,同时使不同地区之间的资源存量比较也十分方便。自然资源资产的存量核算是国民经济核算的一个重要组成部分，它的核心思想是采用一定的假设和处理方法，对资本流量数据进行调整，并加总得到资本存量数据。流量核算对认识自然资源随着一国或地区经济增长而发生的变化情况很有帮助，还对分析资源流和经济流之间的动态关系有着很大的作用①。所以在自然资源资产负债表的编制过程中，存量表与流量表二者之间应当首先编制自然资源资产存量表，再根据实际情况编制流量表。分类入手、综合其次，编制自然资源资产分类表。自然资源有着多种多样的属性，所以在核算时应当具体问题具体分析。对自然资源进行分类核算可以是对自然资源资产按照类别分别进行资产实物量、资产价值量的增减量和流量核算，但是目前对于综合核算来说仅仅是对于自然资源资产价值量的核算，可以进行加总也可以进行比较。但是对目前的学术界来说，综合核算还是较为困难且是研究热点②。综合考虑到自然资源的分类核算与综合核算的可行性与困难程度，在编制自然资源资产负债表时，从自然资源资产的分类核算入手，编制不同种类的自然资源资产负债表，再对其进行综合，进而形成完整详细的自然资源资产负债表③。

---

① 王娟娟：《中山市五桂山林地生态资产负债表研究》，硕士学位论文，湖南师范大学，2015年。
② 吴优、曹克瑜：《对自然资源与环境核算问题思考》，《统计研究》1998年第2期。
③ 封志明、杨艳昭、李鹏：《从自然资源核算到自然资源资产负债表编制》，《中国科学院院刊》2014年第4期。

第四章 基于领导干部离任审计的土地资源资产核算

2013年11月15日党的十八届三中全会通过的《中共中央关于全面深化改革若干重大问题的决定》指出,"加快生态文明建设,探索编制自然资源资产负债表,对领导干部实行自然资源资产离任审计,建立生态环境损害责任终身追究制",这一决定正式将领导干部自然资源离任审计提上了日程。而在2014年3月李克强总理在"两会"上所做的《政府工作报告》中也指出:要"努力建设生态文明美好家园,加强生态环境保护,落实主体功能区制度,探索建立跨区域、跨流域生态补偿机制",同样表现出我们国家加强生态文明建设的决心。积极探索开展领导干部自然资源离任审计来加强我国生态文明建设,这是党中央采取的一项重要举措,同时也是一项符合中国特色社会主义基本国情的,将经济责任审计与环境审计相结合的审计制度的一项重大创新,是审计署领导带头推进深化改革的一项重大的任务。[①] 这一举措不仅仅是十八届三中全会推进生态文明建设的一项重大的制度创新,同时也是十八届三中全会为我国的审计工作拓展出了一个新的审计领域。

---

① 林忠华:《领导干部自然资源离任审计探讨》,《审计研究》2014年第5期。

第一节 中国领导干部离任审计现状和未来趋势

一 中国领导干部离任审计现状

离任审计也被称为任期终结审计，它指的是对领导干部在整个任职期内所有应当承担的经济责任的完成情况，进行审计、监督与评价的活动。离任审计有助于规范和引导领导干部在任职期间的思想与行为，维护领导干部的合法权益，对于深化经济体制改革有着积极的意义。同时，通过对领导干部进行离任审计，可以十分客观地对领导干部在任职期间履行经济责任的实际情况进行评价，可以为组织人事部门科学的考核领导干部提供依据，同时离任审计的结果还是领导干部任免的重要依据。离任审计主要有三部分内容：第一是财务责任。这是对离任审计中有关财务收支是否合法合理等问题进行分析。第二是管理责任。这是对领导干部在任职期间所做得较为重大的经济决策是否科学合理进行的评价。第三是法律责任。这是对领导干部在任职期间的所有行为是否符合法律法规来进行评价。[1]

李克强总理在国务院第一次廉政工作会议发表的讲话中提到：简政放权、管住权力、管好钱财、政务公开、勤俭从政、依法促廉。李克强总理还强调，要加强对党中央、国务院重大部署落实情况的监督检查，把落实情况作为考核地方政府、部门和领导干部的重要内容，确保政令畅通。李金华在2001年提出：他认为经济责任审计是财政财务收支审计、经济效益审计和财经法纪审计的人格化，同时也是财务收支审计与绩效审计的结合，是一定的政治环境

---

[1] 董贤磊、余芳沁：《自然资源资产离任审计相关问题及建议》，《商业会计》2014年第9期。

背景之下的产物,是与中国特色相适应的审计工作①。李凤鸣提出经济责任审计包含多个部分,有核实被审单位的财政财务状况是否真实、核查领导干部应完成的经济责任目标是否完成、被审单位的国有资产是否保值增值、被审单位的内部控制制度是否健全有效、所做的重大决策是否科学合理等②。刘国权在2002年提出:所谓的经济责任审计,是对责任人在单位任职期间所产生的资产负债是否合理合法、是否符合法律法规等进行审查,并且还要对责任人所进行的相关经济活动相对应负担的经济责任来进行监督与评价③。呼婷婷最早提出经济责任审计风险管理,她提出审计风险管理指的是通过识别经济责任审计的风险、估测审计步骤、评估审计结果还有处理审计目标,以最低的审计成本实现最高程度的审计安全保障,来达到最为理想的经济责任审计的效果④。王文博提出经济责任审计的内容按照单位领导干部履行经济责任的过程来分,具体分为:政治目标、财务管理、经营决策、经济监督和制度内控等责任。而按照被审计领导干部所承担的经济责任的性质来分,则分为直接责任、主管责任和领导责任几种经济责任审计形式⑤。李进营在2011年提出了经济责任审计是具有特殊目的性的观点,他认为在对领导干部任期内经济责任进行评价考核的同时,还对被审计单位进行了经济督查。⑥

二 中国领导干部离任审计未来趋势

过去我国对于领导干部的离任审计多是从其在位期间所带来的经济收益来审计,更多的是关注到领导干部在位期间为所在单位带

---

① 李克强:《坚定不移反对腐败 着力建设廉洁政府》,《人民日报》2013年3月27日第1版。
② 李凤鸣:《经济责任审计》,北京大学出版社2001年版,第122页。
③ 陈李:《官员经济责任离任审计制度研究》,硕士学位论文,湖南师范大学,2015年。
④ 呼婷婷:《经济责任审计风险管理》,《财经监督》2009年第2期。
⑤ 王文博:《关于经济责任审计的几点认识》,《新会计》2010年第6期。
⑥ 李进营:《浅谈国家治理视角下的经济责任审计》,审计署官网(http://www.audit.gov.cn/)。

来的利益，而忽略了领导干部为片面追求地方 GDP 的增长，而对环境、生态等造成了很大的破坏，日后修复这些生态、环境也将成为一笔很大的支出，所以以这样的审计方式得出的结果较为片面，无法综合地衡量领导干部在位期间的主要政绩。但是在党的十八届三中全会后，我们国家逐渐地将自然资源资产离任审计加入领导干部离任审计的内容当中，使领导干部离任审计逐渐完善，逐渐严格，不给一些领导干部投机取巧的机会，切实加强了我国的生态文明建设。为此，我国有不少学者与实际工作者对自然资源资产离任审计进行了研究。

2014 年，蔡春、毕铭瑞深入研究了自然资源资产离任审计的动因与重要性，他认为自然资源离任审计的动因主要分为社会动因、法律法规约束动因、商业反映论与委托经济责任四方面，提出自然资源是一种社会大众所有的较为特殊的资产，是社会公众的公有资产，但是社会公众却不能直接占有，只能通过政府委托来代为使用和掌管这些自然资源，以达到使其保值和增值的作用。但是，现如今政府在利用自然资源时给社会生态环境带来了很多影响，使社会公众不仅没有成为其中的受益者反而成为生态环境破坏的受害者，自然资源资产的离任审计由此而来。而对于领导干部自然资源资产离任审计的意义来说，它的产生是我国环境审计与经济责任审计的结合，是我国审计领域理论上的一大进步，实施领导干部自然资源资产离任审计有助于我国生态文明建设工作的推进[①]。之后，马丽认为目前极为重要与迫切的是建立一套与我国生态文明建设要求相适应的领导干部绩效考核制度，还在文章当中介绍了我国生态文明建设与干部绩效考核的时间逻辑。她认为在过去我们国家传统的 GDP 的考核方式有着很大的缺陷，它无法反映出经济增长的可持续性，我们国家各级政府都积极认真地贯彻执行党中央颁布的有关新

---

① 蔡春、毕铭悦：《关于自然资源资产离任审计的理论思考》，《审计研究》2014 年第 5 期。

型审计制度的政策措施,但是在现实社会考核中存在制度缺位的现象。现实中领导干部的任用选拔,由于我国的传统上下级垂直政治体制和"下管一级"的政治体制,都使职位晋升通常是掌握在各自的上级领导干部手中。同时,作者还在文章中提到干部绩效考核的方式在新的生态文明背景下出现了转型的趋势,改变以往传统的仅仅以经济增长的速度来考核领导干部的方式[1]。徐泓和曲婧认为,自然资源绩效审计目标可以分为宏观与微观目标。这里的微观目标是指通过审计的兼顾与评价的功能,制定出合理科学的资源政策,做到严格控制资金,使自然资源设计的资金经济、可持续,而这些微观目标的最终目的是保障我们国家自然资源资产的安全,这便是作者所说的宏观目标。但是在审计的方面,作者并未详细地介绍哪些自然资源应当重点关注,仅仅是较为笼统地介绍到自然资源资产离任审计所涉及的范围较为广泛,提出了审计内容应要注意经济性、可持续性、效率性与效果性。作者在文章当中还提到为了对自然资源的管理现状可以做出较为全面的评价,在构建自然资源绩效审计的评价指标体系时,应当考虑到政策绩效、自然资源使用绩效、自然资源收益绩效、开发保护绩效与资金绩效等多方面的指标。[2] 随后,张宏亮、刘恋、曹丽娟对审计目标提出了新的概述,从资源管理观、责任观、免疫系统观和机制完善观等角度提出了审计主体一元观与多元观的不同观点。作者在文章中还指出,自然资源资产离任审计的基本方向应当是财务审计,对资金的使用与保管进行审计,同时,还要从国土、水利、海洋渔业、林业和环境保护五方面着手,编制出微观到宏观法、统计编制法与自然资源资产账户法三种方式的自然资源资产负债表。[3] 彭巨水在文章中写到,我

---

[1] 马丽:《体现生态文明要求的干部绩效考核》,《理论视野》2015年第9期。

[2] 徐泓、曲婧:《自然资源资产离任审计的目标、内容和评价指标体系初探》,《审计研究》2012年第2期。

[3] 张宏亮、刘恋、曹丽娟:《自然资源资产离任审计专题研讨会综述》,《审计研究》2014年第4期。

国自然资源资产离任审计主要面临着审计对象与主题无法准确界定与审计成果如何利用和追责的问题。作者认为，我国近年来生态环境问题频频发生的一大诱因就是我国缺失具体的问责体系，我们国家各级组织政府应当以通知精神为依据来设计各个组织内部的考核方案，提升相对应的问责与追责力度。作者还提出在领导干部自然资源资产离任审计时应当遵循：范围合理，便于推进；对象清楚，主体明确；指标健全，便于问责；循序渐进，逐步推广的原则①。陈波、卜璠琦客观、准确地评价领导干部在任职期间自然资源资产的经济责任的履行情况，提升领导干部经济、社会与生态环境协调发展的观念，实现经济、社会、生态环境的可持续发展是自然资源资产离任审计的总体目标。文章还提到了实施自然资源资产离任审计应当具备的制度条件和要完善领导干部目标责任制、岗位责任制，将每一位领导干部应当承担的经济责任确认落实，同时还要给下级各部门落实公共服务的职责。做到这些将会缓解我国自然资源资产离任审计目前所面临的缺乏标准的问题。作者还提到，要想实现自然资源资产离任审计的"全覆盖"，应当要完善自然资源的会计核算制度与统计制度，来解决自然资源资产离任审计过程中所遇到的实务问题。②

从这些越来越多的学者的研究当中不难发现，我们国家的领导干部离任审计从最初的片面追求经济增长速度，转变为经济、社会与生态环境相协调的可持续发展，在未来对领导干部的离任审计工作中，将涉及更多、更为全面的考核内容，使领导干部离任审计制度逐渐完善、严格和权威。

---

① 彭巨水：《对积极稳妥推进自然资源资产离任审计的一点思考》，《中国审计报》2014年5月7日第5版。
② 陈波、卜璠琦：《论自然资源资产离任审计的内容与目标》，《会计之友》2014年第12期。

第二节 中国土地资源资产核算现状

土地资源指的是已经被人类所利用或是在可预见的未来能够被人们利用的土地。土地资源包括两个属性：一是自然范畴，就是土地资源的自然属性。二是经济范畴，就是土地的社会属性。它具体是指可供农、林、牧业或是其他利用的土地，是人类的生产资料和劳动对象，具有质和量两个内容。在它的利用过程中，需要采取一些方式对它进行改造。土地资源具有一定的时空性，即它会因为时间和空间技术条件的不同，所包含的内容也会有所不同。土地资源的分类方式有许多种，日常生活中常用的是按照地形与土地利用类型划分。按照地形，土地资源可分为山地、丘陵、高原、盆地和平原。这种分类展示出了土地利用的自然基础。按照土地利用类型可分为耕地、林地、牧地、水域、城镇居民用地、交通用地、其他用地（渠道、工矿、盐场等）以及冰川和永久积雪、石山、高寒荒漠、戈壁沙漠等。土地资源主要有以下几个特征：它是自然的产物，位置是固定不可移动的，区位存在差异性，总量是有限的，利用具有可持续性，经济供给具有稀缺性，方向变更具有困难性。在我们国家，土地资源总量丰富，且土地资源利用类型齐全，但是中国人均土地资源的占有量很小，且各类土地所占的比例较为不合理，耕地与林地资源较少，难利用土地较多，后背的土地资源不足，尤其是人与耕地的矛盾较为突出[①]。

一　土地资源资产核算研究现状

我们国家有关自然资源价值核算的研究起步较晚，早期虽然有了最初的核算与实践的理论，但是有重要的进步还是在 1988 年

---

① 朱婷、施从炀、陈海云、郑雪丰：《自然资源资产负债表设计探索与实证——以京津冀地区林木资源为例》，《生态经济》2017 年第 1 期。

《自然资源核算及其纳入国民经济核算体系》的课题开始后[1]。对于土地资源资产核算的研究，张丽君、李茂与刘新卫在研究了我国土地资源的实物价值[2]。黄贤金以江苏省扬中市以及不同的乡镇的耕地资源为例，全面考虑了农业生产所必需的自然与社会环境条件以及这两者之间的相互关联，核算了实证区的耕地资源资产价值，并以核算结果为依据进行了区域划分[3]。1997年周桂荣、王铮与徐伟宣以上海浦东新区为实证区，研究了城市土地资源资产核算的理论与方法，并以建设部城市土地分类标准为基础，研究核算了上海浦东新区的土地资源的分类价值[4]。2007年，冯煜从土地退化的视角评估了陕西省榆林市土地退化带来的经济损失价值[5]。2007年，李贵春构建了农田退化价值损失评估指标体系与计量模型，对全国的农地退化价值损失的价值进行评估，通过评估结果得出了我国农田退化形势逐渐严重的结论[6]。王悦在2008年通过对土地资源的分类与比较，将土地资源分为营利性用地、基础性用地、过渡性用地与无经济价值用地四种类型，还通过收益还原法、影子工程法、市场价值法与成本置换法核算了所研究区域内的土地资源资产的价值。[7]之后，2011年吕杰提出在构建土地资源资产核算时应当将土地资源的纳污价值列入核算范围当中，因为作者提出在核算土地资源价值

---

[1] 石晨曦：《基于资源价值核算的土地利用结构优化研究》，硕士学位论文，广西师范学院，2013年。
[2] 张丽君、李茂、刘新卫：《中国土地资源实物量核算浅探》，《国土资源情报》2006年第3期。
[3] 黄贤金：《长江三角洲平原农区耕地资源价值核算研究——以江苏省扬中市为例》，《生态经济》1996年第3期。
[4] 周桂荣、王铮、徐伟宣：《城市化地区的土地资源核算》，《自然资源》1997年第5期。
[5] 冯煜：《榆林市土地退化机理及经济损失动态评价研究》，硕士学位论文，陕西师范大学，2007年。
[6] 李贵春：《农田退化价值损失评估研究》，硕士学位论文，中国农业科学院，2007年。
[7] 王悦：《我国土地资源分类方法比较及价值核算研究》，硕士学位论文，大连海事大学，2008年。

时，土地资源环境的纳污价值与土地资源价值和生态系统价值并不能同时并列核算。① 2013 年，胡蓉、邱道持等从耕地价值内涵的角度出发，以耕地经济价值、社会价值以及生态价值为基础构建了核算耕地资源价值的核算体系，得出目前市场中耕地资源的价值往往被低估，低于耕地的实际价值。② 2013 年，唐杰以湖南省衡南县为例，从土地伦理观的角度出发，测算了该地区的土地资源资产的价值，还构建了灰色线性模型来优化配置土地资源。③

从这些学者对土地资源资产核算的研究，可以看出现在我国对土地资源资产的核算已不仅仅是对土地资源的实物量的核算，还将土地的社会价值、生态价值、纳污价值等诸多因素纳入核算体系当中，核算方法也逐渐的多种多样。但是由于目前我们国家并没有较为统一的核算方法，导致了不同地区之间采取的核算方式不同，区域之间的核算缺少了可比性。同时，目前我们国家的土地资源资产核算大多是以静态核算为主，缺乏了对土地资源资产动态变化等的研究，很多学者在此基础上运用不同的方式对静态核算进行了适当的修改，在一定程度上对我国土地资源资产核算的进程起到了推动作用。在实际核算的过程中，我国还需要进一步规范和完善我国土地资源资产价值核算的具体内容方法，将土地资源资产核算理论知识逐渐进化为实践，为我国国民经济服务。④

二　目前我国土地资源资产核算中待完善的问题

(一) 统一并完善核算体系与方法

现阶段不同的国家与地区，对于土地资源价值核算体系的选取标准各不相同，很难统一，得出的结果从空间角度来说也很难比较。另外，由于土地资源的种类众多，各个类型的土地资源的价值

---

① 吕杰:《土地资源环境价值核算研究》，硕士学位论文，昆明理工大学，2011 年。
② 张丽君、李茂、刘新卫:《中国土地资源实物量核算浅探》，《国土资源情报》2006 年第 3 期。
③ 唐杰:《土地伦理观下土地资源测算及价值实现研究》，硕士学位论文，湖南师范大学，2013 年。
④ 时仅:《土地资源价值核算与时空动态研究》，硕士学位论文，西南大学，2016 年。

估算方法也不统一，目前用于估算土地资源价值的方法有很多种，实用性不同，对同一资产使用不同的估价方法最终得出的核算结果也有可能不同。这就出现了各种资产运用哪种核算方法的问题，怎样能够使核算结果最为真实准确，则需要进一步的研究。正是因为不同的土地资源类型有着不同的资产价值核算体系与方法，导致目前研究得出的土地资源价值核算结果很难有效地纳入国民经济的核算体系当中，也就出现了无法与现行国民经济核算体系相接轨的现象。

（二）核算结果实用性有待提升

目前，我国对于土地资源资产价值核算的研究，无论是在理论还是实践的部分都已经取得了很大的进步与突破，这为学术交流奠定了坚实的基础。但是，在研究结果与实践相结合的过程中，还存在一些问题，尤其是现阶段很难将核算结果纳入国民经济核算的结果当中。无论是体系中一些指标由于原始资料数据的不完善导致很难收集到，还是由于没有统一的核算体系标准而导致核算结果并无实际的可操作性，这些因素都使我国目前土地资源资产价值核算得出的结果与其实际数值之间存在差异，无法在现实中得到很好的运用，因此，如何将土地资源资产核算结果运用到实际当中，仍需要进一步的探讨与研究。

第三节　基于领导干部离任审计的土地资源资产核算扩展

领导干部自然资源离任审计与经济责任审计和资源环境审计之间的联系十分密切，自然资源离任审计是经济责任审计和资源环境审计的交叉点。[1] 对于自然资源离任审计的对象应当从对资源的开

---

[1] 陈献东：《开展领导干部自然资源资产离任审计的若干思考》，《审计研究》2014年第5期。

发、保护以及利用等方面中可能存在的一些薄弱环节与权力的寻租点入手，提高各类自然资源的使用效率，提升各类自然资源的管理水平，加强各类自然资源的监管力度。

一 我国领导干部土地资源资产离任审计内容

（一）我国土地资源使用情况

对我国土地资源使用情况的审计，可以从几个角度入手。审计土地资源资产有偿使用的情况，监督我国土地资源资产的价格与税费改革具体情况，审查资产价格是否可以反映市场的供求关系、是否反映土地资源的稀缺程度等，关注各级政府在土地资源资产配置中是否发挥有效作用，在土地资源产权出让或转让时是否采取招拍挂等正规形式，杜绝低价甚至无偿转让的现象发生，从源头防止国家土地资源资产的流失问题。同时，还要关注我国土地资源资产的使用是否符合可持续发展的要求，审查目前土地资源资产使用方式是不是最为经济有效的利用，有无因政策等原因造成了土地资源资产闲置、浪费的现象，监督在资源利用时是否将节约资源放在重要位置，提升资源的使用效率和生产率，尽可能地降低资源产出带来的消耗，大力发展循环经济，是资源生产、流通以及消费的过程减量、再利用，提升土地资源资产的使用效率与效益，使土地资源资产发挥出可以在当代获得最大收益，同时还不影响未来资源利用的能力。在领导干部离任审计时土地资源资产的开发利用情况与供应情况同样应当得到关注。各个地方的政府在开发土地资源时是否科学、合理，有没有出现土地资源批而未征、征而未供、供而未用等现象。在土地供应时，供应程序等有无不符合相关政策的现象，供地的方式是否存在不符合法律法规的现象，是否遵循公平、公正和公开的原则，在出让经营性用地时是否经过了专业评估、决策、公开的阶段等。

（二）我国土地资源资产管理情况

对于我国土地资源资产管理情况的审计。首先，要审核土地资源资产管理体制是否建立健全，监督对土地资源的开发、利用是否符合总体规划与年度计划当中具体的批地用地数量与区域或城市规划当中的具体要求，审核是否统一管理了各类土地资源的数量、用途等，审核是否行使了使用权、处置权、占有权、收益权等权利，做到权利、义务与职责的统一，审查有没有在考核领导干部的政绩时加入自然资源使用与消耗的数值，以防领导干部为追求 GDP 增长，而过度使用土地资源等自然资源。其次，要审查各地区是否对区域内部各类土地资源进行确权登记，形成归属明确、清晰的产权制度，提升监管力度，还要核查各项土地专用资金的使用情况，例如，土地复垦金、土地出让金等资金的使用是否符合国家相关规定。同时，对于土地资源还需关注其生态补偿的具体情况，关注有关生态补偿的机制是否建立并完善，是否做到了"谁开发，谁保护；谁受益，谁补偿"，同时建立生态保护与生态收益地区、保护区与开发区等地区之间的生态补偿机制，必要时可采取经济补偿的方式以鼓励地区对土地资源资产的保护，还要审查在耕地保护方面是否落实"占补平衡"的政策，关注各级政府的耕地保护责任目标是否完成，杜绝建设用地快速增长，耕地保有量不断下降的现象发生。最后，还要审查各级政府对国家土地资源相关政策的贯彻执行的具体情况。

（三）土地资源资产监管情况

首先，应当审查土地资源资产监管体制是否建立健全，是否落实国家监察地方监管以及单位负责的监管体制，有无落实政府、企业与公众共同监管的新机制，做到土地资源资产的所有权人与监管人相互监督、相互独立并配合。其次，要对土地资源的用途进行严格监督，检查我国土地资源是否按照主体功能区规划的具体要求，分为生产、生活与生态空间三大部分，对于某一类特定的区域，是否以优化开发、重点开发、限制开发以及禁止开发为基础，对不同地区采取不同的考核评价的标准，审查各地区是否严格落实保护耕地的政策，禁止随意改变土地资源的用途，对水域、林地等空间实施严格的用途管制，不得由于土地资源用完之后，随意对山地、林地等区域进行开发,对于矿产资源要严格按照总体规划来开采,同时还要审查是否存在违规越权批准采矿许可等行为。最后,还要追求土地资源资产损害责任,落实损害的赔偿情况,监督领导干部不可片面追求其在任职期间的经济快速增长而不顾土地资源等各种资源环境的状况,盲目决策,盲目开发,只追求眼前利益,并未关注土地资源带来的生态等价值,造成土地资源的浪费、生态环境的破坏,还要监督落实土地资源资产损害赔偿制度,建立健全赔偿机制,对于违反相关环境法律法规的现象要严厉禁止并做出处罚,同时还要关注对于破坏生态环境处罚的金额,防止由于处罚金额低于违法成本,而无法弥补生态环境被破坏的程度以及其治理成本。

二 我国领导干部土地资源资产离任审计目标

我国实施领导干部离任审计,就是希望通过严格的审计制度与程序,建立并完善我国土地资源及其他各类自然资源资产的监管体制,逐步探索并编制出土地资源及各类自然资源资产负债表,对我国生态文明建设的成效进行评价。我国实施土地资源资产领导干部离任审计主要是通过建立生态环境损害责任终身追究机制,来维护我们国家的生态、资源安全。中共十八届三中全会中提出要探索编制自然资源资产负债表,而资产负债表中的数据应当是完善且真实可靠的,通过编制出的自然资源资产负债表来摸清我国自然资源的"家底",并据此来颁布和实施一些政策、决策。同时,还要通过实施领导干部离任审计,将领导干部任职期间的政绩与当地自然资源使用情况挂钩,约束领导干部合理利用自然资源,同时注重对各类自然资源的保护,制定出更为经济、效率和有效果的资源政策。[1]

实施领导干部自然资源资产离任审计,总体目标就是通过审计加强领导干部对生态文明建设的责任,建立生态环境损害责任终身追究的制度,具体可以通过以下几方面来体现:

---

[1] 钱水祥:《领导干部自然资源资产离任审计研究》,《浙江社会科学》2016年第3期。

（1）在开发国土资源时，通过实施领导干部土地资源资产离任审计，协调我国经济、社会与生态文明的发展，使我国土地资源得到优化配置，切实解决实际生活中土地资源利用粗放、建设用地增速过快而耕地资源逐渐减少、土地资源供需矛盾不断加剧等问题，同时还要通过审计机关，监督各级政府批准用地、出让土地、征收土地等过程，杜绝违法现象发生，做到资源开发与资源保护并举，推动我国国土资源的管理工作。

（2）在节约土地资源时，通过实施领导干部土地资源资产离任审计，各级审计机关要督促实现节约优先的战略措施，通过控制资源总量来倒逼领导干部实现资源节约、集约利用，通过严格的标准实现资源节约、集约利用，通过相关政策法规以及模范试点来实现资源节约、集约利用，提升我国土地资源资产综合利用效率。

（3）在保护生态环境，促进生态文明建设方面，通过实施领导干部土地资源资产离任审计，反思过去我国传统工业的发展模式中存在的不足之处，提升领导干部的生态环境保护意识，促进领导干部科学合理地使用土地资源，保护土地资源，提高土地资源的利用效率，制定更为科学合理、经济、可持续的土地资源政策，使土地资源资产发挥出可以在当代获得最大收益，同时还不影响未来资源利用的能力，杜绝领导干部片面追求经济快速增长而过度使用自然资源的现象。同时，通过审计机关自身的优势，从制度、体制的层面来发现并分析我国在土地资源开发与使用中存在的各种问题，为制定与完善生态文明建设相关法律法规时提供相应的依据。

三 我国领导干部土地资源资产离任审计原则

（一）客观性原则

客观性原则要求在领导干部土地资源资产离任审计时，应当按照客观实际发生过的经济事项与实际的土地资源资产损耗情况为基础，通过会计账簿、报表、会计凭证等形式如实地表示出该地区的土地资源资产的具体情况，做到基础数据的客观、真实、可靠，为领导干部离任审计提供科学完整的参考，避免发生审计结论失真的现象。在审计时还应当客观公正地评价领导干部的业绩与责任，从多个角度全面地看待问题，坚持实事求是，公正、客观、科学地对领导干部实行离任审计。

（二）法制性原则

法制性原则要求在进行领导干部土地资源资产离任审计时，应当以事实为依据，同时还要以法律法规为严格标准。在土地资源资产离任审计时必须坚持法制性原则，要遵守领导干部经济责任的法律法规，同时还要遵守相关资源环境、土地资源管理等方面的法律法规，运用审计准则来要求领导干部，通过审计准则来完成经济方面的司法监督。同时在审计过程中，务必以真实、合法的财务收支为基础，对所审计的事项严格按照法律法规的标准来分析。

（三）重点性原则

我国土地资源分类有许多种，且数量较多，在领导干部离任审计时各个部门应当明确分工，确定合理的土地资源资产审计的范围，针对土地资源资产的期初数值、期末数值以及领导干部任期内的变动值，进行有重点、有针对地审计。在我国实施领导干部自然资源离任审计的初期，落实重点性原则有助于我国领导干部自然资源离任审计工作试行阶段的完成，总结试行阶段的经验，为以后更大范围、更精确的自然资源离任审计工作提供参考。

（四）综合性原则

我国的领导干部土地资源离任审计工作应当从对土地资源的开发、利用与保护三方面着手，注重保护生态环境，加强生态文明建设。关注我国土地资源资产相关政策的实施情况以及土地资源的利用绩效，加强对生态环境的保护，确保健全综合管理体制，完善生态补偿相关机制。

领导干部土地资源资产离任审计是审计工作的一项重要内容。审计部门依法开展离任责任审计，对于加强干部管理，履行离任经济责任，保护生态环境，加强生态文明建设等诸多方面有着极大的促进作用。因此，对于审计工作人员来说，只有提高离任经济责任审计的质量，才能发挥领导干部土地资源资产离任审计的监督作用，才能为我国政府的决策提供有效的服务。

四 基于产权的土地资源资产核算框架

土地资源是指已经被人类所利用或是在可预见的未来能够被人们利用的土地。土地资源包括两个属性：一是自然范畴，就是土地资源的自然属性；二是经济范畴，就是土地的社会属性。而资产指的是企业过去的交易或者事项形成的、由企业拥有或控制的，预期会给企业带来经济利益的资源。所以，土地资源资产负债表中的土地资源资产指的就是产权主体明确的可以被产权主体利用或在可预见的未来能够被产权主体利用且能够给其带来经济利益的土地资源。这些资产可以用实物量与价值量两个量来衡量。

在土地资源资产负债表中的资产需要与国家资产负债表中的资产有所区分。根据SNA—2008中的定义，国家资产负债表中的资产被局限于一些这样的资产：所有权有归属，其所有者可以通过持有它们或在SNA所定义的经济活动中使用它们而取得经济利益。具体而言，表中的资产包括非金融资产和金融资产两大类，其中非金融资产按照"能否通过SNA定义的生产过程形成"这一标准，又分为生产性资产和非生产性资产。专从自然资源角度看，SNA—2008按照"资产必有所有权、必能为所有者带来经济利益"的标准，将一部分自然资源排除在国家资产负债表之外（如空气、海洋、不具有开发价值的土地和矿藏）。同时将培育性生物资源（如人工种植的林木、养殖的水生资源和培育的其他生物资源）归类为固定资产，将水资源限为"其稀缺性已导致了行使所有权或使用权、进行市场估价和采取某些经济控制措施的地下蓄水层和其他地表水"。因此，在国家资产负债表中表示的自然资源仅包括（具有经济价值的）土地、（具有经济价值的）矿产和能源储备、非培育性生物资源、（具有稀缺性）水资源和其他自然资源（目前仅包括无线电频谱）。但是在我们这里所说的土地资源资产负债表中，土地资源资产指的就是那些产权主体明确，能被利用，且能给产权主体带来经济利益的土地资源，但是这里的资产除了国家资产负债表中提到的具有经济价值的土地外，还包括一些用于公共管理与公共服务的用地，虽然这些用地并不一定能够给产权主体带来一定的收益，但是它应当被列为一个二级科目，列在土地资源资产负债表中①。

---

① 耿建新、胡天雨、刘祝君：《我国国家资产负债表与自然资源资产负债表的编制与运用初探——以 SNA—2008 和 SEEA—2012 为线索的分析》，《会计研究》2015 年第 1 期。

第五章 基于耕地红线/生态红线的土地资源负债核算

第一节 土地资源负债核算进展

面对资源约束趋紧、环境污染严重、生态系统退化的严峻形势，党的十八大报告提出，要把资源消耗、环境损害、生态效益纳入经济社会发展评价体系，建立体现生态文明要求的目标体系、考核办法、奖惩机制。中共十八届三中全会通过的《中共中央关于全面深化改革若干重大问题的决定》（以下简称《决定》）第五十二条明确提出"探索编制自然资源资产负债表，对领导干部实行自然资源资产离任审计，建立生态环境损害责任终身追究制"。《中共中央国务院关于加快推进生态文明建设的意见》提出协同推进新型工业化、信息化、城镇化、农业现代化和绿色化，并再次强调探索编制自然资源资产负债表。探索编制自然资源资产负债表，是推进生态文明制度建设、加快转变经济发展方式、实现经济社会与资源环境协调发展的重要举措。

土地资源作为自然资源的重要组成部分，指在一定的技术条件下可以为人类利用的土地，包括可以利用而尚未利用的土地和已经开垦利用的土地的总称，由地球陆地表面一定立体空间的气候、地质、地貌、水文、土壤、生物等自然要素组成，同时又时刻受到人类活动和社会经济因素影响的自然—经济综合体。目前，我国人均土地资源占有量少,各类土地资源所占的比例不尽合理,而且在利用过程中都不同程度地遭到破坏。由于各土地资源的经济主体对土地资源的占有、使用、消耗、恢复和增值活动情况核算不清晰,一方面使土地资源无法实现可持续利用,另一方面对土地资源的保护和破坏情况无法进行量化考核,所以本章将探索构筑基于生态环境损害责任终身追究的土地资源负债核算,明确土地资源主体因过去对土地的利用行为或其他事项所造成的影响和损害而承担的现时义务。

到目前为止,有关自然资源资产负债表编制的理论研究正处于起步阶段,并没有成熟的编制先例,许多基本问题和概念亟待学术界探讨和回答。这就使作为自然资源组成部分的土地资源可以借鉴的理论基础更是少之又少。学者们从不同角度探讨了自然资源负债的定义:张友棠从政府角度认为,自然资源负债是指政府过去决策对自然资源开发产生的破坏而导致现有自然资源的净损失或净牺牲,是恢复原有生态的价值补偿。王姝娥、程文琪则从企业的角度认为自然资源资产负债表中资源负债部分反映企业为取得和消耗资源应付而未付的购买成本、环境成本、环境责任权支出。[1] 黄溶冰从宏观角度认为,自然资源负债是由于政府管理不当,或人类活动不当(如过度开采和使用以及污染等因素的影响),而造成自然资源资产的质量下降。[2] 也有学者质疑自然资源负债定义的合理性,耿建新认为,就 SNA—2008 和 SEEA—2012 的现行规定、目前的技术水平和会计学科中负债的定义来看,暂不能确认自然资源负债,SEEA—2012 提出的设置功能账户的思路要优于确认自然资源负债的主张。笔者认为,一方面自然资源资产负债表是依托借鉴会计学中资产负债表的编制理论及框架;另一方面自然资源又是环境资源

---

[1] 王姝娥、程文琪:《自然资源资产负债表探讨》,《现代工业经济和信息化》2014 年第 9 期。

[2] 黄溶冰、赵谦:《自然资源资产负债表编制与审计的探讨》,《审计研究》2015 年第 1 期。

的重要组成部分,所以环境会计(或绿色会计、环境保护会计)作为现代会计体系中的一个重要分支,其相关研究理论可为自然资源资产负债表各要素的定义提供参考。同时,环境负债作为环境会计的要素之一,其定义和确认条件也可以为自然资源负债提供很大的参考价值。

环境会计把维护生态平衡、优化生态环境以及其他的资源生态问题当作反应和监督的对象,以企业为主体,核算其在生产经营过程中对生态环境造成各种损害,最终会对企业的财务状况和经营成果产生重大影响。

一 国际性组织研究环境会计的回顾

尽管环境会计研究起始于20世纪70年代,但国际上研究成果的大量发表则集中于20世纪90年代,尤以1998年,联合国国际会计和报告标准政府间专家工作组(ISAR)第15次会议为代表,该次会议讨论通过了《环境成本和负债的会计与财务报告》,这是国际上第一份关于环境会计和报告的系统而完整的指南。这份立场文件的重点是,企业管理对委托管理的、与企业活动有关的环境资源所涉及财务影响的受托责任。该报告对环境、资产、负债、或有负债、环境成本、环境资产、环境负债、资本化、义务等环境有关的主要会计概念进行定义,并对环境成本和环境负债的确认、计量和披露进行了规范,同时将这些环境成本和负债界定为影响或者是可能影响企业的财务状况与成果的,从而要在财务报告中报告的成本与负债,皆在把它认为对财务报告中的环境交易和事项的最佳会计处理方法提供给企业、监管机构和准则制定机构。

二 美国的环境会计理论研究

20世纪70年代以来,美国政府颁布了一系列与环境保护有关的法律和法规,对企业的环境污染预防和治理提出了严格的要求,导致一系列企业环境成本与债务的产生。其内容主要包括:

(1)按照法律要求开展持续的环境保护活动导致的成本、支出和债务。

（2）按照法律要求对已污染项目进行清理或清除导致的成本和债务。

（3）其他个人或组织由于人身健康和安全或者财产受到企业排放污染物的损害而索赔导致的成本和债务。

（4）违反环境法律受惩罚而导致的成本和债务等。

美国财务会计准则委员会（Financial Accounting Standards Board, FASB）从1989年起，指定下属的紧急问题特别委员会（EITF）专门研究环境事项的会计处理，在1993年又提出《EITF93-5环境负债会计》公告，要求将潜在的环境负债以一般或有负载项目单独列出加以估计。美国注册会计师协会（American Institute of Certified Public Accountants, AICPA）的会计准则执行委员会颁布了《环境复原负债》准则，以期为企业处理有关的环境问题提供指导。环境的复原通常包括清除和处理污染物，处置残存的污染（主要是水和土地），环境复原成本所确认的对造成环境污染有责任的各方共同承担。该准则规定，"应付环境负债"应包括：①复原活动的直接成本金额；②直接为复原活动投入的人力补偿成本和福利成本。"环境复原负债"应包括：①对某一具体污染场所承担的可分配份额，份额大小由投放废弃物的体积或有害程度等因素确定；②分担其他潜在责任方或政府可能不会承担的份额。美国证券交易委员会也制定了一系列关于环境问题信息披露的规定，例如第92号专门会计公报要求上市公司专门就涉及环境会计与报告中的许多问题予以说明：①在财务报表上分别列示环境负债和可以收到的补偿（保险公司和其他方面的应收款）；②确认可能由其他方面承担的环境成本；③环境负债计量基础；④对预计的环境负债和补偿予以贴现的做法；⑤分级管理的企业的环境负债的列示；⑥或有事项，场地清理与监控成本在财务报表中的披露。

三 加拿大的环境会计理论研究

无论是理论和实践，加拿大的环境会计都在国际上处于领先地位。这和加拿大各行各业对环境问题普遍重视分不开。其中主要是加拿大特许会计师协会在环境会计和审计方面所做的一系列努力。其在1993年出版的《环境成本与负债：会计与财务报告问题》是在财务会计的范围内讨论环境会计，主要阐述在现有的财务报告框架内环境影响的效果应该如何被记录和报告，在当期确认环境成本时应该采取何种处理方式，未来的环境支出应该在何时确认为负债。该报告涉及的基本议题主要是：环境成本与损失的认定以及资本化或列为当期费用的问题，环境债务与承诺的确认与计量问题，由于环境原因引发的资产修复问题，环境成本、债务、承诺与会计政策的披露问题，未来环境支出与损失的披露问题等。

四 欧洲的环境会计理论研究

从20世纪90年代开始，欧洲各国也积极开展了对环境会计信息披露的研究并在实践中逐步加以应用。1992年欧盟发表了《走向可持续发展》(*Toward Sustainable Development*) 报告，认为会计必须改变它的大多数基本观念和惯例，以便把环境信息作为一个重要内容包括在与决策有关的信息中。1999年7月欧盟发表《在企业决算及报告方面确认、计量和揭示环境问题的讨论文件》，欧洲化学工业理事会（CFFIC）也曾于20世纪80年代末期发布《环境保护指南》呼吁企业披露环境政策以及在此之外的更多的环境绩效信息，欧盟各成员国也进行了各种努力。英国1990年的环境保护法案要求有污染的企业必须在报告中反映其在环境保护方面所采取的措施。英国特许注册会计师协会（ACCA）多年来也一直积极开展关于环境会计的研究，与1992年退出了环境报告奖励计划，以鼓励企业披露环境信息。2001年11月英国环境、食物和农村事务部同英国贸易与工业部等发布了《环境报告通用指南》指导各类租住编制环境报告。法国政府发布文件规定所有雇工在300人以上的企业都要提供包括环境信息在内的社会资产负债表①。

---

① 李震：《我国企业环境会计制度构建研究》，硕士学位论文，中南大学，2004年。

第二节 土地资源负债的定义与内容

负债作为会计要素之一,侧重于反映会计主体的财务状况。国际会计准则委员会认为,"负债是指企业过去的交易或事项形成的、预期会导致经济利益流出企业的现时义务"。根据负债的定义,负债具有以下几个方面的特征:

第一,负债是企业承担的现实义务。

第二,负债预期会导致经济利益流出企业。

第三,负债是由企业过去交易或事项形成的。

将一项现实义务确认为负债,需要符合负债的定义,还需要满足以下两个条件:

第一,与该义务有关的经济利益很可能流出企业。

第二,未来流出的经济利益的金额能够可靠地计量。

以此认识为基础,就可对土地资源负债进行深入的探讨。

一 土地资源负债的定义

土地资源负债是指土地产权主体未来将要发生的针对土地污染治理、生态环境修复补偿以及整治等支出的会计确认。将传统会计中负债的定义用于土地资源领域,土地资源负债可以理解为:"由于某一土地产权主体过去的土地开发利用管理活动或其他事项对土地资源造成了污染或生态破坏,因而应当承担的需要以资产或劳务偿付的现时义务。"

结合会计学有关负债的定义,可以从以下方面来理解土地资源负债的概念。

(一)土地资源负债的本质

土地资源负债的本质就是指土地产权主体的土地利用行为对土地资源和周围环境造成的损害及对其他环境进行承诺的环境责任或义务。这种义务包括法定义务和推定义务。其中法定义务是指具有约束力的合同或者法律、法规规定的义务，通常在法律意义上需要强制执行。推定义务是指根据主体多年来的习惯做法、公开的承诺或者公开宣布的政策而导致主体将承担的责任，这些责任也使有关各方形成了主体将履行义务解脱责任的合理预期。例如，某一企业没有法定义务去消除由于对土地的开发利用而导致的土壤污染治理和固体废弃物治理，但如果企业没有采取措施，那么其声誉和以后在这一地区开展经营活动的能力将受到很大的影响，出于这一考虑而产生的义务就是推定义务。

（二）土地资源负债的义务

土地资源负债所承担的义务与治理生态环境损害成本的未来支出相关。土地资源负债所承担的义务，是指在特定生态环境损害事项发生时，应第三要求，需要在未来某一日期或可确定日期，以转移或运用资产、提供服务或其他放弃经济利益的方式来履行对第三方的责任和职责。这说明土地资源负债是以承担放弃未来经济利益方式的未来支出为前提的，这种未来支出的义务承担与未来实际支出正好代表土地资源负债的形成与清偿，可以认为没有未来支出就难以形成土地资源负债。在上文中提到借鉴环境会计的相关定义有助于进一步阐明土地资源负债的概念，关于环境负债的定义，有不少会计组织是以未来支出为代表标志来提出的。加拿大特许会计师协会（CICA）就认为，环境负债是一种为清理过去的环境破坏而在将来发生的支出，或给遭受破坏的第三方赔偿的一种义务。

（三）土地资源负债的成因、确认、计量的特殊性

土地资源负债主要产生于因土地产权主体对土地资源的利用开发而已经存在或预期很可能发生的土地资源破坏。我国目前土地资源权属不清的问题十分突出，权属变更和等级确权工作还在进行当中。在计量方面，土地资源负债可以按照历史成本法、重置成本法或市场法等方式来计量，但采用不同的计量方法所得出的价值量是不一致的，所以采取合理估计的方式，即若一项土地资源负债发生的原因、时间与金额能够基本确定为该项债务就可以列入自然资源

资产负债表加以确认和计量。

（四）土地资源或有负债的定义、确认

负债从会计学角度来讲，是指过去的交易或事项形成的潜在义务，其存在须通过未来不确定事项的发生或不发生予以证实，或过去的交易或事项形成的现时义务，履行该义务不是很可能导致经济利益流出企业或该义务的金额不能可靠计量。由此可见，或有负债是与不确定结果密切相关的一个概念，土地资源或有负债可以据此来定义。

土地资源负债是依据一个或多个不确定的土地利用开发事项结果的未来发生或不发生而确定的债务，与主体的潜在义务有关。例如，随着未来土地法规的进一步严格和完善，土地产权主体可能会按照相关规定对以往的生态环境损害进行恢复或赔偿。这说明主体可能无法预计到自己要求承担的负债。根据上述内容，土地资源负债可以定义为：土地产权主体因过去对土地开发利用所导致的生态环境损害事项所形成的，有赖于通过未来不确定结果的发生或不发生予以证实的潜在义务，或者不是很可能导致经济利益流出或金额不能可靠计量的现实义务。

二　土地资源负债的内容及特征

（一）土地资源负债的内容

美国等少数发达国家对某主体有关生态环境损害行为的披露有着完善的体系和制度上的规定，美国注册会计师协会和美国环境保护署对环境负债内容的划分，可以作为土地资源负债核算的主要参考。

1. 美国注册会计师协会的界定

该协会认为环境负债是"为净化环境而形成的负债"，它包括两方面的内容：一是为净化环境而直接发生的负债；二是为净化环境而预测发生的各项支出。[①] 从内容上看，该协会将净化环境的未

---

① 李震：《我国企业环境会计制度构建研究》，硕士学位论文，中南大学，2004年。

来支出或直接发生负债确定为环境负债核算的主要内容。

2. 美国环境保护署的界定

美国环境保护署主要是从企业责任的角度来确定环境负债的内容，主要划分为六种：

（1）服从性责任（compliance obligation），又称为合规性负债，是指根据有关环境法律法规生产、使用、处理和排放化学物质或者发生对有损于环境质量的其他行为所需承担的责任。这种负债是一种符合性义务，即为了适应关于制造、使用、处理和排放有害物质及其他影响环境的活动的法律、法规和行政管理的需要而产生的义务。由于法律法规往往有对这种责任的明确收费规定，所以其确认与计量相对较为容易。企业管理者在制定决策的过程中，既要充分考虑现有环保法律法规对企业行为的约束，也要科学地预计未来环保法律法规可能的发展趋势及其对企业行为约束状况的变化，即潜在的环境负债。

（2）补救性责任（remediation obligation），又称恢复补救性负债，是指根据有关环保法律法规，对已经被企业生产经营活动所污染了的地点进行清理拯救，消除污染后果的责任。这种负债为一种恢复性义务，即为了清理或恢复被污染的环境资产而产生的义务。因履行清理责任有时被作为符合法律程序的一部分，所以恢复性义务有时可被归入符合性义务。美国的环保法律法规比较完备，规定产生污染的企业的补救责任十分复杂具体。除此之外，还规定了服从性责任范围，只要认真履行了当前时期的服从性责任，就可以避免在未来承担巨额的补救性责任。服从性责任往往是发挥预防性功能，而补救性责任却往往是对以前的行为后果加以补救，具有事后补救性功能，二者相互构成了完善责任体系。

（3）罚款与处罚性责任（fines and penalties obligation），又称违规性负债，是指企业在未履行或未全部履行服从性和补救性责任的条件下，可能受到的民事或刑事处分以及作为接受这些处分的一部分支付。这种负债表现为罚金和罚款，一般包括企业由于不遵守现行的环保法规而产生的刑事和民事诉讼的费用,以及未履行法规规定的义务而发生的环保项目费用。美国的环保法规中明确规定各种违法的处分形式与金额,其实施效果起到了很好的影响企业环境行为的作用。

(4)赔偿性责任(compensation obligation),又称赔偿负债,是指按照习惯法或者成文的联邦与各州的有关环保法律法规、对由于企业的制造、使用、排放有毒有害物质或者其他造成环境污染的行为而受到损害的个人、企业进行赔偿。这种负债是一种赔偿性义务,即企业在其经营过程中由于使用有害物质或投放污染物,对其他个人及财产造成的损失而需要赔偿的义务。有时即使企业履行了服从性责任,但只要造成了对其他组织和个人的损害,一样要进行赔偿。对个人的赔偿既包括对健康及生命的危害,也包括财产的损失。除了直接向受害方赔偿的支出外,赔偿责任还包括由于进行诉讼、调查等发生的支出、处理这些实务所耗费的管理人员工时以及企业形象受损而带来的不利影响等。

(5)惩戒性责任(punitive obligation),又称惩戒性负债,是指不同于赔偿性责任的另外一类对污染受害方的赔偿责任。这种负债一般是指法律为惩罚因企业不良行为伤害到别人的企业征收惩罚性赔偿费。

(6)自然资源损失责任(natural resource damage obligation),又称自然资源损害性负债,是指企业对于其环境行为损害了不属于私人所有者而属于公众,由联邦、州、地方等各级政府所掌管的公众自然资源如动植物群落、土地、空气、海域和水源等,使其解体、难以维持原状和续用、质量下降等所承担的赔偿责任。这种自然资源的损害责任一般用生物的死亡来衡量,或用恢复行动的成本衡量。由于这种损失是指对自然资源非生产性损坏,故其补偿费用数额一般较小。无论企业发生的环境行为是否严格履行了服从性责任,都必须承担这项责任。

参考借鉴上述内容,笔者认为土地资源负债的内容主要包括:

①按照现行国家土地法律法规要求支付的污染治理恢复的费用；②因违反有关环境法规而需要交付的罚款；③因主体自身的生态环境损害行为而导致的对其他组织和个人利益的侵犯，而应付地赔偿；④依据国家标准主体投入的为了减少自身开发利用土地而带来对生态环境损害程度的环保技术的研发支付等其他支出。

（二）土地资源负债的特征

土地资源负债作为主体承担的一种负债，除了具有一般负债所具有的基本特征外，还有一些特殊性：

1. 成因的特殊性。土地资源负债是由于主体开发利用土地资源所产生的恢复生态环境的事项引起的，与一般负债发生的成因有所区别。

2. 可追溯性。土地资源负债具有较强的可追溯性、连带性，由此造成的生态环境损害涉及的范围较大，持续时间较长，因此为了保护生态环境免受侵害，或使损害程度降到最低，各国在立法中都对生态环境污染的责任人采取了追溯原则。

3. 不确定性。土地资源负债的不确定性主要源于环境事项的特殊性，表现为负债计量方式的难以统一，责任权属的不明，导致负债发生时间以及概率的不确定等方面。

三 土地资源负债的确认与计量

自然资源资产核算内容的特殊性，决定了其各要素确认具有不同于传统会计的一些特点：

1. 确认的社会性

传统会计的确认均是以企业为中心进行的，资产、负债等概念都是以企业为基础提出的。而自然资源资产负债核算确认的内容包括了人类活动对自然环境系统所造成的影响，而自然环境对人类而言就有非排他性，所以土地资源负债的确认更具有社会的内涵。

2. 确认的模糊性

由于自然资源、生态环境等大多没有直接的市场价值，因而在土地资源资产负债核算中，存在许多模糊的现象，如土地资源效用的模糊、稀缺度的模糊，等等。人们面对复杂的生态环境系统，对其进行有意义的精确化的能力较低。运用一定的方法对其进行确认依然具有很大的主观性，其确认只能做到相对准确，却并不排除它对决策的有用性。

（一）土地资源负债的确认

根据上述定义可知，如果土地产权主体有支付生态环境损害成本的义务，则应将其确认为负债。当环境损失涉及主体本身的财产或主体的决策经营活动而给其他的主体造成损害，同时有合理的证据表明，主体在未来某一期间有义务去恢复这一损害时，应将这一损害确认为一项或有损害。[1]

土地资源负债的确认首先要依据主体为未来的环境支出，表现为主体因开发利用活动或其他事项对生态环境造成的损害而承担的义务或责任。它主要产生于已经存在或预期可能发生的与环境破坏有关的损失，其多数情况下难以确切地计量，所以要采取估计方式[2]。

（二）土地资源负债的计量

由于土地资源属性的特殊，在核算土地资源负债方面也要采取不同于传统会计负债核算的要求：

1. 实物量核算与价值量核算相结合

进行土地资源负债核算的难点在于如何应用货币价值形式进行计量。单纯采用实物量的形式计量土地资源负债，会导致量化标准产生差异。所以首先要统计土地资源负债的实物量（如受污染土地的面积，需整治复垦的面积等），作为货币价值量核算的基础。之后在实物量核算的基础上，通过公开的市场价格进行进一步的价值量核算评估，最终要体现土地资源负债综合、客观的价值计量。

2. 选择适合土地资源负债的计量属性

计量属性反映的是核算要素金额的确定基础，由于土地资源负

---

[1] 韩宇：《环境会计与环境保护》，硕士学位论文，昆明理工大学，2008年。
[2] 李震：《我国企业环境会计制度构建研究》，硕士学位论文，中南大学，2004年。

债偿付是在未来进行，而计量又处于现在，计量属性选择应侧重于现在和未来，以重置成本（现行成本）或未来支付恢复生态环境损害的现值作为土地资源负债的计量属性较为适宜。

第三节 土地资源负债理论剖析和账户构建

经济发展与环境资源平衡已成为各国可持续发展过程中的重要议题，对于资源相对短缺的中国更是迫在眉睫。正因如此，党的十八届三中全会通过的《中共中央关于全面深化改革若干重大问题的决定》（以下简称《决定》）在加快生态文明制度建设部分提出"探索编制自然资源资产负债表，对领导干部实行自然资源资产离任审计。建立生态环境损害责任终身追究制。"并已经在全国很多省市和地区开展了试点工作。编制自然资源资产负债表的目的一方面是为了摸清我们的"家底"，全面系统了解本地区自然资源的存量及其变动情况。另一方面是为了问责，即建立基于自然资源资产负债表的领导干部离任审计制度，从而构建起生态保护的问责机制。

自然资源资产负债表被提出以来，便成为学术界的研究焦点。由于中国是世界上首个提出"自然资源资产负债表"的国家，并且研究问题跨越了各种资源、会计、审计、统计等众多交叉学科，所以对于其与传统会计理论的衔接与创新及其实务设计，学术界观点并不统一，由于自然资源资产的账户构建可以参照 SEEA—2012 的设计框架和原理，学术界分歧的焦点主要是自然资源负债表的理论和实务。

负债，在法律上指根据合同约定或法律规定，在当事人之间产生的特定的权利和义务关系。[1] 而在企业会计上被定义为是由于企

---

[1] 耿建新、唐洁珑：《负债、环境负债与自然资源资产负债》，《审计研究》2016 年第 11 期。

业过去交易或事项形成的、能以货币计量、需以资产或劳务偿还的预期会导致企业经济利益流出的现时义务。从"给付义务"角度来看，法学上的债与会计学上的负债本质上是一样的，自然资源负债当然也具有同样的质的规定性。根据这一定义，一部分学者在讨论自然资源负债时认为，当期经济活动所消耗的自然资源所带来的环境影响即为负债，具体项目包括应付治污成本、应付生态恢复成本、应付生态维护成本、应付补偿成本等。耿建新等（2016）认为，无论是 SNA—2008 还是 SEEA—2012 均未提出自然资源负债这一概念，用上述项目表述自然资源负债不符合两大核算框架的现行规定，而且在目前的技术水平下，确认自然资源负债缺乏实际可行性，不主张进行自然资源负债核算。高敏雪（2016）则认为，按照自然资源消耗确认负债放入经典资产负债表的框架中，存在诸多概念混淆和严重不匹配问题，主张基于资源过度耗减来定义自然资源负债，这是目前关于自然资源负债最为科学的界定，本章也沿袭这个方向对自然资源负债展开讨论，并以土地资源负债表为例探讨自然资源负债核算设计理论和实务。[①]

一　自然资源负债的理论解释

（一）自然资源负债确认的基本条件

参照环境负债的确认条件，对自然资源的确认要有明确的债权人、债务人、偿债标的物和偿债期限，而且要求能够用货币来表达、计量，但是由于每种自然资源的统计口径不同，很多情况下无法进入经济系统流通，更无法准确地用货币计量，所以个别情况下自然资源负债的确认可以突破货币计量，采用实物量衡量。

1. 自然资源负债的债权人

自然资源负债是自然资源拥有者或者控制者过去交易或事项导致的、需要未来通过经济利益流出主体来清偿的现实义务。在我

[①] 向书坚、郑瑞坤：《自然资源资产负债表中的负债问题研究》，《统计研究》2016年第12期。

国，自然资源的所有者是全体人民，政府作为代理人所承担的资源环境负债是指区域环境开发利用所产生的对今后几代人的损害[①]，由此可见，自然资源负债的债权人是可持续发展中的"后代人"，比较笼统，在现实社会中，一般是由政府自然资源这个"公共资源的所有权人"来代理，所以，自然资源负债的债权人可以认为是政府。

2. 自然资源负债的债务人

学术界公认应该通过"自然资源负债"来实现自然资源资产负债表的"问责"功能，而这样的自然资源通常具有公共产权，在过去乃至现在的开发利用中通常存在外部性。因此，即使认定清楚了自然资源负债的数量，多数情况下，自然资源负债也应该由政府来承担。但是，随着自然资源的产权越来越明晰，自然资源负债越来越多的情况下会由其他主体，例如企业或个人来承担。例如，耕地资源的占用所产生的复垦义务，应该认定为土地资源负债，通常情况下就是由占用耕地的企业来缴纳。而政府来改善土地生态环境，如专项土地整治、中低产田改造等，这些土地资源负债就要由政府来负担了。

3. 自然资源负债的偿债标的物

有些情况下，自然资源负债没有明确的偿债标的物或标的物无法界定，例如，流动的水资源、海洋资源或某些生物资源等，因为这个原因，很多学者认为现有条件下，无法对自然资源负债进行认定。但是，对于土地资源这种经济价值和生态价值都很重要的自然资源，如果不积极地核算土地资源负债，就无法通过规范的统计对土地资源负债进行审计，也无法改革现有的土地资源管理的干部离任审计制度。而土地资源负债的偿债标的物可以明确地确定为在过去利用中被非法占用、被污染、生态被破坏的土地。

4. 自然资源负债的偿债期限

自然资源负债的偿债期限，一般都根据需要偿付的负债工程周

[①] 商思争：《自然资源资产负债表编制中负债认定问题思考——以江苏连云港市海洋自然资源负债为例》，《财会月刊》2016年第7期。

期，或是政府的行政管理或规划周期来设计，具体期限与自然资源管理及考核工作期限相吻合，例如，土地复垦工作安排原则上以5年为一阶段进行，这是从管理的要求出发进行的划分。但实际工作中应根据土地损毁预测情况，结合土地复垦方案服务年限，合理划分复垦工作阶段，而目前土地整治工作一般的规划期与土地利用整体规划相吻合，而整体整治工作会分段投资和实施进行。

(二) 自然资源负债的理论创新

企业会计的资产负债核算将企业获得的自然资源经济使用权确认为无形资产增加，国民经济核算体系（SNA—2008）将自然资源视为非金融资产中的非生产资产进行核算，环境经济综合核算体系（SEEA—2012）同样只在资产账户中对自然资源资产给予披露。可见，按照现行资产负债核算原理继续确认自然资源的负债面临理论难度，但这并不代表编制自然资源资产负债表要回避负债问题，相反，如何突破现有理论上的难度来核算自然资源负债正是目前编制自然资源资产负债表的重点。

对于自然资源负债的理论创新，应从编制自然资源资产负债表的目的入手，包含两个目的：一是通过自然资源资产负债表能够摸清一国或地区自然资源资产的家底及其变动情况，以便评估生态环境质量，这一点可以通过自然资源资产的存量和流量变化的核算来实现。二是通过量化核算，将各经济主体对自然资源的占有、使用、消耗、恢复和增值活动反映在自然资源资产负债表中，以便实现生态环境损害责任终身追究制，这一点就必须通过对自然资源资产的核算，尤其是对自然资源负债的核算来实现。[1]

编制过程中，将资源可持续利用理念和对应的管理工具引入其中，重点关注经济活动过程中的资源消耗，尤其是过度消耗，将资源过度消耗视为"欠账"，进而定义为对未来的"负债"、对环境的

---

[1] 向书坚、郑瑞坤：《自然资源资产负债表中的负债问题研究》，《统计研究》2016年第12期。

"负债",以此为核心形成自然资源资产负债表。①

(三) 土地资源负债科目的理论解释

根据高敏雪教授设计自然资源资产负债的原理,结合目前土地资源红线(耕地红线、生态保护红线),土地资源负债应该包括耕地占用面积(需要占一补一)以及超出界线限制占用林地或草地等的数量,相当于超额开发土地的面积。这些类型的土地资源的消耗,将在一定程度上对国家的耕地安全或生态安全造成影响,因此,需要未来一定时间范围内,进行土地复垦或土地生态整治等补救措施,因此,这些占用耕地、生态用地的行为可以认定为土地资源负债,这符合负债认定的一般理论。

二 土地资源负债账户构建原理及实务

(一) 土地资源资产负债表构建框架

土地资源从用地角度属于不可再生资源,而且具有总量固定性、区位差异性、供给稀缺性等特征。受这些特征影响,土地资源核算中要处理好以下问题,即进行如下理论假设:①核算地区土地资源实物量总量固定,土地资源管理的重点是对土地资源用途的管制,而土地资源资产负债表编制的目的应该是协助土地资源管理。②农用地或生态用地一旦转化为建设用地,绝大多数情况下是不可逆的,无法被恢复到未转化前的状态,对于中国这种土地尤其是耕地非常稀缺的国家,并且生态环境越来越受到重视,对于耕地或生态用地转为建设用地采取非常严格的管制措施。③为了保证粮食安全,要保持住18亿亩耕地红线,中国规定每个省域范围内耕地不减少。④中国土地资源管理体制是通过土地利用总体规划制度进行建设用地指标分配管理,需要每个规划周期在省级行政区内分配总量一定的新增建设用地指标,将新增建设用地指标分配给县级行政区域,然后由县级土地利用规划和年度用地计划来确定每个规划周期

---

① 高敏雪:《扩展的自然资源核算:以自然资源资产负债表为重点》,《统计研究》2016年第1期。

第五章 基于耕地红线/生态红线的土地资源负债核算

和每个年度本县域内由农用地转化为建设用地数量的限额。在限额内才属于合规用地。⑤即使是在新增建设用地指标范围内，耕地转化为建设用地也需要占一亩补一亩，即在县域范围内做到占补平衡，因此，占用耕地的数量，和非法占用农用地（包括林地）都应该被认定为土地资源负债，在后面的规划周期内要进行偿还。⑥在事关国家和区域生态安全的重点生态功能区、生态环境敏感区和脆弱区以及其他重要的生态区域内，划定生态保护红线，实施严格保护，对于设定生态红线的生态用地类型将实行用途管制，土地资源负债的设置也将扩展到生态红线用地范围。

土地资源资产负债表的账户应该包括：①土地资源实体存量及变化表（见表5-1），即土地资源资产的实物量账户。这个账户为最基本和最初步的土地资源资产负债表框架，即为现阶段正在试点的内容。②土地资源经营权益存量及变化表（见表5-2）。所谓经营权及其确权，核算的重点对象是那些能够单独设定经营权的土地资源。毫无疑问，土地资源经营权益的核算范围肯定小于自然资源实体核算，其中摒弃了纯粹作为自然存在、尚未能与经济体系发生关联的部分。目前主要包括城镇建设用地中的经营性建设用地，比

表5-1　　　　　　土地资源实物核算（面积）

	耕地	园地	林地	草地	城镇村及工矿用地	交通运输用地	水域与水利设施用地	其他土地
期初资源存量								
当期资源存量增加								
存量增长/新发现								
再评估上调/重新分类								
当期资源存量减少								
开发/存量正常减少								
灾害损失								
再评估下调/重新分类								
期末资源存量								

如商服用地、工矿仓储用地和住宅用地等，未来还应扩展到农村集体的经营性用地（流转的耕地、集体建设用地）。如果有条件或有必要，可以对经营权益进行细分，比如按照权益持有单位的性质区分为企业、政府、住户，或者按照资源所有权性质区分为国有土地资源、集体土地资源，可以对更详细的信息进行统计。① ③基于耕地红线/生态红线的土地资源资产负债表（见表5-3）。本章重点讨论土地资源负债科目的设置。

表5-2　　　　土地资源经营权益核算（面积）

	批发零售用地	住宿餐饮用地	商务金融用地	采矿用地	工业用地	仓储用地	城镇住宅用地	其他城镇用地
期初权益存量								
当期权益存量增加								
当期新增确权/自然增长								
再评估上调/重新分类								
当期权益减少								
当期转用/存量正常减少								
灾害损失								
再评估下调/重新分类								
期末权益存量								

表5-3　基于耕地红线/生态保护红线的土地资源资产负债（面积）

	耕地			园地			林地			草地			其他土地		
	资产	负债	净资产	资产	负债	净资产	资产	负债	净资产	资产	负债	净资产	资产	负债	净资产
期初存量															
当期新增量															
当期减少量															
期末存量															

---

① 高敏雪：《扩展的自然资源核算：以自然资源资产负债表为重点》，《统计研究》2016年第1期。

（二）土地资源负债科目设置

①基于耕地红线的土地资源负债。中国对耕地实行世界上最严格的用途管制制度，在县级行政区实施占用耕地的"占一补一"政策。在以年度为单位的土地资产负债表编制过程中，在某年度内占用的耕地，均要求补充数量相等且质量相当的耕地，因此占用耕地的年度可以认定占用的耕地数量为负债增加，等到补充了耕地可以认定为负债减少。而占用耕地又可分为两种情况：一是正常占用耕地（在指标范围内），所欠土地资源负债为补偿耕地的数量或成本（耗费）。二是违法占用耕地（在指标范围外），所欠土地资源负债除了包括补偿耕地的数量或成本（耗费），还包括处理违法用地耗费的其他费用。②基于生态红线的土地资源负债。生态保护红线是指依法在重点生态功能区、生态环境敏感区和脆弱区等区域划定的严格管控边界，是国家和区域生态安全的底线。"生态保护红线"是继"18亿亩耕地红线"后，另一条被提到国家层面的"生命线"。生态保护红线区的林地、草地、湿地和荒漠等类型自然生态用地不可转换为非生态用地，生态保护红线区边界保持相对固定，区域面积规模不可随意减少。而现实中由于区域内生态用地类型减少而造成生态服务功能降低的情况下，需要开展生态治理措施。因此，可以将生态保护红线内林地、草地、未利用地等类型生态用地面积的减少认定为土地资源负债增加，而采取措施恢复这些类型生态用地认定为土地资源负债减少。科目设定方面也可以扩展为土壤污染面积、土壤肥力下降面积、水土流失面积、废弃矿山面积、灾害面积、建设占用耕地面积和违法建设占用耕地面积为土地负债增加，而对于以上生态环境和粮食安全问题的治理或整治为土地负债减少。

三 土地资源负债核算中尚待研究的问题

自然资源资产负债表不是孤立存在的，要以自然资源管理实践为根基，并与现有其他核算体系相衔接。因此，高敏雪教授构建了一套包含三层架构的自然资源核算体系，其中，基于自然资源实体的资产核算表直接衔接环境经济核算的环境资产账户，然后通过经营权益下的资产核算表作为过渡，最后扩展到基于开采权益、以超采定义负债的自然资源资产负债表。本章以此理论框架为基础，编制三层架构土地资源资产负债表的核算框架，其中，以超出"耕地红线"和"生态红线"来设计土地资源负债来完善第三层土地资源资产负债表。

本章针对自然资源资产负债表提出后，理论界争议最多的自然资源负债的定义、认定和核算框架设计问题入手，首先探讨自然资源负债对负债理论的创新，然后在此理论框架下对土地资源负债账户的设立给予创新性研究。最重要的是对基于红线管理对土地资源负债的设置填补了学术界空白，值得自然资源资产负债表编制实务借鉴。

然而，本章对土地资源负债账户设置的讨论虽然解决了理论解释和账户设置问题，但是在实际数据搜集和统计过程中还存在进一步需要完善和解决的问题。一是土地资源统计中各种土地类型在各个部门之间的统计口径问题，例如林地在国土部门和林业部门的统计口径有所区别，因此，数据有很大差别，"生态红线"各种生态用地类型的统计口径和红线的限额也需要明确。二是以不同产权核算土地资源负债有一定现实意义，例如，对企业、个人及其他用户占用耕地、林地等生态用地等负债的核算，但是目前中国这方面的统计数据还需要在明确土地产权改革的基础上加以完善。三是本章对于土地资源资产负债的核算是以实物量为单位的，日后对于进入经济系统的土地资源还需要以价值量形式加以核算，这就需要介入更科学的土地资源（资产）估价方法，这也是需要完善的支撑技术之一。

第六章　基于不动产统一登记的土地资源资产负债表编制研究

第一节　中国不动产统一登记现状及进展

2007年颁布实施的《物权法》明确规定国家实行不动产统一登记制度，2014年国务院颁布的《不动产登记暂行条例》，标志着不动产统一登记工作进入全面明晰产权、有效保护权益、维护交易安全、提高交易效率的新阶段。根据不动产统一登记的系列政策文件，国务院明确要求，国土资源部负责建立不动产登记信息平台，全面整合土地、房屋、草原、林地、海域等不动产登记项目，实现各类不动产登记信息在有关部门间的互联互通，消除"信息孤岛"，进而实现登记机构、登记簿册、登记依据和信息平台"四统一"。①

一　不动产统一登记进展

自从国务院提出建立不动产统一登记制度以来，中国已经有18个省份开展不动产统一登记的试点工作，取得了一定的成绩，并为不动产统一登记制度的建立及完善提供了不可多得的现实素材。

（一）上海不动产登记进展

上海市1995年颁布的《上海市房地产登记条例》是我国房地

---

① 王雪：《我国不动产统一登记若干问题研究》，硕士学位论文，安徽大学，2015年。

产登记的第一个地方性法规，并首次将房地产所有权证和国有土地使用证合为房地产权证，并将登记机关统一为房屋土地管理局。其后，根据登记发展需要，将房地产登记机关统一为上海市规划和国土资源管理局。上海不动产登记的主要特点为：登记种类有初始登记、转移登记、变更登记、更正登记、异议登记、注销登记及他项权利登记 7 类。上海市的规划和国土资源管理局建立了统一的可以公开查阅、抄录和复印的房地产登记册、登记信息系统、房地产权证书和登记证明，并制定了房地产登记技术规范，登记工作人员经统一考核合格后，持证上岗。[①]

(二) 天津市不动产登记进展

天津的不动产统一登记试点的工作，对房地产登记制度进行了改革，由最初的以土地登记为主，发展到房地统一登记，基本实现了房产与地产统一调查、统一测绘、同步登记、双证合一、统一发证等房产和地产登记工作的统一。虽然天津市实现了房地统一登记，但初始的登记工作仍是由原来的登记机关负责，最后交国土房管局进行汇总登记，仍未实现登记机关的统一。[②]

(三) 广西壮族自治区田东县不动产统一登记进展

田东县的不动产统一登记工作由国土资源部承担，并制定了不动产统一登记联席会议制度，优化了不动产统一登记业务流程。2015 年，成立了田东县不动产登记局和不动产登记中心，其中，不动产登记局是在国土资源局挂牌成立的，不动产登记中心为不动产登记局管辖下的事业单位，对土地、房屋、林权、滩涂等不动产进行统一登记。依照《不动产登记暂行条例》（以下简称《条例》），开启了不动产登记申请、受理、审核、登簿、缴费、缮证等"一站式"服务，有效缩短了登记时间。但在实际操作中，由于原不动产

[①] 施竞男:《我国不动产统一登记制度研究》，硕士学位论文，南京农业大学，2009 年。

[②] 朱珍华:《不动产统一登记制度建构新探》，《广西民族大学学报》（哲学社会科学版）2014 年第 5 期。

登记机关的登记类型、技术规程参数标准不一，部门之间登记数据资料缺失等情况，存在不少亟待解决的问题。①

（四）贵州省不动产统一登记进展

综观我国目前的不动产统一登记工作，不难发现，大部分试点都已基本完成土地和房产登记的统一，且已经建立了相对完整的信息系统，但对于林木、草原、水域等不动产的登记工作依然滞后。

二 现行不动产统一登记存在问题分析

虽然某些不动产统一登记工作取得了一定程度上的成功，但依然存在登记的法律依据不统一，登记机关分散，登记类型及权属证书多样，信息化程度不一，甚至存在"信息孤岛"等影响不动产统一登记进程的障碍因素。

（一）登记立法不统一，重行政管理，轻物权公示

目前，世界上多数国家将不动产视为一种重要的物权类型，并将不动产登记作为权利设立、变更、转移或消失的要件，认为不动产登记是行政确认权利的结果，这种登记行为主要是基于对行政确认结果的公定力和确信力的信赖。2007年颁布的《物权法》，从法的角度对不动产物权登记生效主要原则进行规定，并首次提出对不动产实行统一登记制度，可见不动产统一登记制度隶属于物权制度范畴。《物权法》规定，不动产统一登记的范围、登记机构和登记办法，由地方法律、行政法规规定。

除《物权法》对不动产登记制度的相关规定外，我国现行多部法律、法规、司法解释都对不动产登记做出了相应规定。法律文件主要有：《担保法》《土地管理法》《城市房地产管理法》《森林法》等。行政法规文件主要有《土地管理法实施条例》《城镇国有土地使用权出让和转让暂行条例》等。部门规整主要有：《土地登记规则》《城市房地产抵押管理办法》等。司法解释如：最高人民法院

---

① 曹加尚：《对田东县不动产统一登记工作的思考》，《南方国土资源》2015年第11期。

《关于适用〈担保法〉若干问题的解释》,涉及不动产登记制度的还有一些地方性法规、政府规章等,这些登记规则不但散乱,而且众多规则明显违背物权公示的要求。[①]

从上述涉及不动产登记制度的立法文件可以看出,我国不动产登记立法种类多样,除物权法对不动产登记的原则性规定外,其他立法文件不仅适用范围有限,而且多为方便本行政机关的行政管理工作而制定。物权法—法律文件—行政法规—部门规章,外加调整《物权法》适应性的司法解释,这种纵(层级分布的立法文件)横(统一级别不同类型的立法文件)交错的法律结构,容易使各立法文件缺乏统一性,并存在低级别的立法文件架空高级别立法文件的法律效力的现象。《物权法》是指导不动产统一登记的原则性文件,其法律效力大于其他立法文件,然而,"各为其政"的立法现状架空了《物权法》规定的物权公示原则,从而使我国不动产立法出现重行政管理、轻物权公示的混乱局面。

(二)登记机关不统一,重复登记,错误登记多发

由于我国不动产登记制度设置的行政管理目的以及登记法律依据不统一,连带不动产的登记机关不统一。目前,我国的不动产登记机关及登记类型与内容如表6-1所示:[②]

表6-1　　　　　不动产登记机关及登记类型与内容

登记机关	不动产登记类型	登记内容
县级以上人民政府国土资源行政主管部门	土地总登记、土地初始登记、变更登记、注销和其他登记等	权利人的姓名或名称、地址;土地权属性质、使用权类型、取得时间和使用期限、权利以及内容变化情况;土地的坐落、界址、面积、宗地号、用途和取得价格;地上附着物情况等

---

① 成小飞:《我国不动产统一登记制度探析》,硕士学位论文,苏州大学,2014年。
② 鞠军:《市级不动产统一登记相关技术研究》,硕士学位论文,中国矿业大学,2015年。

第六章 基于不动产统一登记的土地资源资产负债表编制研究

续表

登记机关	不动产登记类型	登记内容
县级以上人民政府建设主管部门	所有权登记、抵押权登记、地役权登记、预告登记以及其他登记等	房屋基本状况：如房屋变化、坐落、所在建筑物总层数、建筑面积、规划用途等；房屋权利状况；房屋所有权、他项权利等有关情况
县级以上地方人民政府草原行政主管部门	草原初始登记、变更登记和注销登记等	权利人名称、位置、四至、用途、面积、适宜载畜量（绵羊单位）、设施
县级以上林业主管部门履行林权登记职责	初始登记、变更登记和注销登记等	林地所有权、森林或林木所有权、林地使用权、森林或林木使用权权利人、林地及其地上林木坐落、小地名、所在林班和小班、林地面积、主要树种、林木株数、林种、林地使用期、林地使用终止日期、林地四至等，证内还设有变更登记和森林、林木、林地四至范围图
沿海县级以上地方人民政府海洋行政主管部门	初始登记、变更登记和注销登记等	海域使用权的基本情况；项目用海的权属、位置、面积、用途、使用期限
沿海县级以上地方人民政府农业、林业行政主管部门	农村土地承包经营权	承包期限和起止日期；承包土地名称、坐落、面积、用途；农村土地承包经营权变动情况；其他事项
沿海县级以上地方人民政府渔业行政主管部门	水面、滩涂的养殖使用权	持证单位或个人的主要情况，包括养殖者的姓名、住址；养殖水域的坐落位置（地址）及平面界址图；养殖面积及范围；养殖类型、经营方式、主要养殖品种；养殖证有效期限、编号

由上文可知，我国不动产登记的各类立法均为各自机关行政管理服务，其立法权限容易使相应的登记机关滋生"画地为牢"的不良之风。从表6-1可知，我国有登记权力的不动产登记机关多达7个，不同登记机关的登记类型和内容各不相同，这种政出多门的现

象不利于不动产统一登记制度的推行。土地登记和房产登记是分离的，县级以上地方人民政府与林业行政主管部门都有登记农村土地承包经营权的权限，这种"多头登记"局面的存在，导致同一宗不动产权利变动（设立、变更或消灭）需要在不同部门进行登记，一方面增加了登记成本，并且登记机关的散乱在一定程度上阻碍了公民进行不动产登记的信息，不利于不动产信息的搜集。另一方面各不动产登记机关之间没有信息共享平台，信息传播的延误以及信息传递错误，都会造成不动产登记错误发生。同时，各不动产登记机关的登记权限的交叉重叠，会出现重复登记，甚至同一登记内容，不同登记机关的登记结果不同等情况。我国不动产登记机关的行政管理性严重侵蚀了不动产登记的公示性作用，登记信息公开查询通道的闭塞，妨碍了不动产统一登记制度的有序推进。[①]

（三）权属证书种类繁多

由表6-2可知，我国不同种类的不动产权利的登记权限分散在不同的登记机关，不同的登记机关所登记的权利种类不统一，且同一类型的权利可以被不同的登记机关登记，不明晰的登记范围和类型，必将增加登记成本，并影响登记效率，同时影响登记信息公示的完整性与连贯性，影响其降低登记信息公示的公信力。

表6-2　　　　　　不动产登记类型、机关及权属证书

不动产权利类型	集体土地所有权、建设用地使用权和宅基地使用权	农村土地承包经营权	林木所有权和林地使用权	草原所有权与使用权	水面、滩涂的使用权	房屋所有权和他项权利	海域使用权
登记机构	国土资源行政主管部门	农业、林业行政主管部门	林业主管部门	草原行政主管部门	渔业行政主管部门	县级以上人民政府建设主管部门	沿海海洋行政主管部门

[①] 成小飞：《我国不动产统一登记制度探析》，硕士学位论文，苏州大学，2014年。

第六章 基于不动产统一登记的土地资源资产负债表编制研究 | 123

续表

| 证书类型 | 《集体土地所有权证》《集体土地使用证》《国有土地使用证》《土地他项权利证明书》 | 《土地承包经营权证》 | 《林权证》 | 《草原所有权证》《草原使用权证》 | 绿色《养殖使用证》（国家所有）；红色《养殖使用证》（集体所有或集体使用） | 《房屋所有权证》《房屋他项权证》《房屋预告登记证明》《在建工程抵押权登记证明》 | 《海域使用证》 |

由表6-2可知，不同的不动产登记类型导致不同的不动产权属证书，使我国不动产的权属证书种类过多。过多及不必要的权属证书，增加了不动产登记机构的工作量，降低了登记效率，同时由于我国没有建立不动产登记信息共享平台，权属证书种类的繁多，容易使不法分子钻不动产漏洞，妨碍不动产权利人的权利安全。虽然，每种权利类型都拥有权属证书，能够较为充分地保护不动产权利人的合法权利，但如果一项涉及多个权属证书的不动产产权发生变更，不动产权利人要到不同的登记机关，申请变更权属证书，如此烦琐的变更登记会导致不动产权利人放弃进行不动产变更登记，如此便不利于实时更新不动产登记信息，阻碍不动产统一登记进程。

（四）信息化水平不均衡，信息孤岛

不动产登记的实施情况，整理的我国不动产登记现状和信息化程度如表6-3所示，我国的土地登记和海域海岛登记已经建立了信息管理系统，房屋登记和农村土地承包经营权登记的信息管理系统正在建设，而林权和草原登记的信息管理系统完全处于缺位状态。由此可知，我国不动产登记的信息管理系统处于不均衡发展状态。虽然部分不动产登记类型已经建立了相对完善的信息管理系统，但并未建立信息共享平台，部门信息不能共享，信息的不畅通，容易导致信息孤岛，出现各部门互相推诿工作的现象。[①]

表6-3　　　　现阶段不动产登记现状和信息化程度

类型	登记现状	
土地登记	土地登记基本全覆盖、土地调查全覆盖、宗地统一编码全覆盖、土地登记制度完善	地籍信息系统全覆盖（95%的县建有数据库，85%的县有信息系统）
房屋登记	城市房屋登记管理相对规范，农村房屋登记及其管理相对薄弱	全国大多数房地产管理局已经应用了房产测绘、产权产籍管理等信息化软件
农村土地承包经营权确权登记	2012年全国相继开展农地承包权登记国家试点及地方试点工作	农业信息化基础薄弱，进行农地承包经营权确权登记管理
林权登记	截至2012年，全国超85%集体林地已经登记核发林权证	林权登记的信息系统建设尚未建成，林权登记的查询功能只能在县域范围实现
草原登记	由于多方面的原因，草原承包确权登记发证总体滞后	草原登记的信息系统建设尚未建成
海域海岛登记	海域登记管理相对规范，海岛登记管理逐步推进中	建立国家海域动态监视监测管理系统，实现全国海域资源和海域使用状况"一张图"

（五）登记错误责任赔偿机制缺失

在我国不动产统一登记的实践中，不动产登记结果的审查权限的界定不清，审查方式与标准模糊，使司法机关对登记错误纠纷的责任认定缺乏客观的认识，从而影响不动产登记的公信力。目前，世界各国法律都对因登记机关的登记错误而造成不动产权利人利益

[①] 李宏超、刘洪飞、范文肖：《我国不动产统一登记制度发展现状及意义》，《安徽农业科学》2016年第4期。

受损，建立了相应的赔偿责任制度，而我国的登记错误赔偿机制尚处于缺位状态。虽然有法律规定登记机关要对登记错误所造成的损失进行赔偿，但在实践过程中，因缺乏相应的配套制度，使登记机关并未真正承担相应的错误赔偿责任。实行登记机关的责任赔偿制度，有利于强化登记机关的职责，促使其认真履行审查义务[①]，确保登记内容的真实性，并保障登记的公信力。

第二节 土地资源资产负债表与其他自然资源资产负债表的逻辑关系

自然资源资产负债表的编制是在中共十八届三中全会上提出的，目前，国内外的自然资源资产负债表的编制工作尚处于探索阶段，而土地资源作为自然资源的重要组成部分，土地资源资产负债核算也同样处于探索阶段。[②] 自然资源资产负债表是指运用资产负债表的编制方法，对一国或地区内的各类资源计量形成的能够综合反映一定时点区域自然资源资产的"家底"的报表，并以报表的形式反映一定时期自然资源的损耗使用情况以及其对生态环境的影响。由于土地承载的自然属性和为人类提供生产生活劳动对象的社会属性，农、林、牧业等各种用途依附于土地而存在，使土地资源成为自然资源的重要支撑，那么对土地资源资产价值的准确核算关系到自然资源资产负债核算表的顺利编制，以及整个自然资源环境的保护。[③] 另外，土地作为所有其他自然资源的承载主体，土地资源资产负债核算与其他自然资源的衔接问题也成了日后编制自然资源资

[①] 王哲：《中国不动产登记制度的完善》，《辽宁科技大学学报》2011年第2期。

[②] 薛智超、闫慧敏、杨艳昭等：《自然资源资产负债表编制中土地资源核算体系设计与实证》，《资源科学》2015年第9期。

[③] 杨晓慧、崔瑛：《自然资源资产负债表的编制——基于土地资源核算的研究》，《当代经济》2016年第9期。

产负债表亟待解决的问题。

一 土地资源资产负债表的功能定位

自十八届三中全会后,国家发布的一系列有关资产负债表编制的政策指导文件对自然资源资产负债表的编制有"一实一衍"的期望:"一实"指通过资产负债表的核算,摸清自然资源的"家底",掌握自然资源在一定时期的存量与流量变化情况、数量和质量情况。"一衍"则在于将领导干部的离任审计与资产负债表之间的联系,为生态环境损害责任终身追究制度提供重要信息。这就要求资产负债表不仅要反映自然资源资产的数量和质量,还要反映领导干部工作对生态环境影响情况。因此,综合土地资源的特性与土地管理制度,就土地资源资产负债表的功能定位归纳为以下几点:

(1) 摸清区域土地资源资产"家底"。土地资源资产负债表能够真实反映区域内各类型土地的存量与流量、数量与质量情况,并且可以披露湿地、耕地、草地、林地等生态用地的占用、破坏和坏境损益情况,揭示耕地占补平衡、耕地土壤质量、建设用地违规批建、农用地使用类型变更信息,充分摸清土地"家底"。

(2) 领导干部考核依据。土地资源资产负债表中的数据资料,不仅可以反映土地资源变动所带来的环境效益状况,而且可以作为领导干部工作的生态环境绩效的考核依据,以及生态环境损害责任追究的重要参考。土地资源资产负债表的编制,方便有关部门更好地评估我国土地资源的价值,使领导干部更充分地认识土地资源的价值,强化其保护土地资源的意识与行动力。同时,土地资源资产负债表所提供的数据资料,为公众环保监督提供了一定的渠道。因此,将土地资源资产负债表作为领导干部考核的依据,提前告知领导干部有损土地资源生态环境价值的行为后果,将有效降低由于领导干部的错误指示所造成的生态环境损害,促使领导干部保护好土地资源,尤其是土地资源的生态环境价值。

(3) 促进"生态国土"建设。以资产负债表编制机制建设为抓手，明确各级政府在土地产权制度、土地规划制度、耕地保护制度、严守生态红线、土地有偿使用制度、新增建设用地等执行中的各项责任，构建和完善土地管理共同责任机制，树立发展生态经济的资源管理导向，促进"生态国土"建设。①

二 土地资源资产负债核算与其他自然资源的逻辑关系

（一）土地资源是其他自然资源的基础

目前，世界上大多数国家的不动产登记都是以土地登记为核心，可见大多数国家都认可土地的基础性地位。相应地，土地资源也是其他自然资源的基础。从土地资源的自然属性来看，土地资源具有承载性和永续性②，矿产资源和森林资源等都是依附于土地而存在，并且不会因为人为因素而灭失，"皮之不存，毛将焉附？"确切地说明了土地资源对于其他自然资源的基础性地位。③

（二）土地资源资产负债核算为其他自然资源资产负债核算提供参考

中国目前已基本完成了全国的城镇地籍调查，形成了全国土地利用地籍图，农村集体土地所有权的确权登记颁证工作已经在全国范围内展开，地籍测量已基本覆盖全国。相对于其他自然资源的确权登记工作，土地资源的确权登记的技术标准相对较统一，且精度高，各项档案资料都比较齐全，这些都是其他自然资源负债核算无法比拟的。虽然，国内外的自然资源资产负债核算尚处于探索阶段，但是土地资源由于其相对比较完整的数据资源与技术支撑，资产负债核算还是比较容易展开的。森林资源、矿产资源、水资源等其他自然资源首先要以地籍测量图为基础，提取各类自然资源信息，形成完备的数据系统，然后参照土地资源资产负债核算的技术流程与方法体系，探索编制其他自然资源负债表。

---

① 姚霖、余振国：《土地资源资产负债表编制问题管窥》，《财会月刊》2016年第21期。

② 黄志凌、姜栋、严金明：《瑞典不动产登记法律制度研究与借鉴》，《中国土地科学》2013年第2期。

③ 车娜：《如何迎接"统一"到来——不动产登记研讨会述评》，《中国土地》2013年第6期。

（三）土地资源资产负债核算与其他自然资源资产负债核算是一个统一的整体

自然资源资产负债表是为推动中国生态文明建设提供信息基础，通过核算自然资源资产的存量及其变动（包括占用、使用、消耗、恢复和增值等），摸清自然资源资产"家底"，不仅可以全面反映经济发展的资源损耗、环境代价和生态效益，还可以作为自然资源资产有偿使用的依据。自然资源资产负债核算不仅包括实物量核算，还包括价值量核算，而价值量分为经济价值、生态价值和社会价值三部分。在价值量核算方面，土地资源与其他自然资源是一个不可分割的整体，土地与其他自然资源相互影响、相互制约。如土地资源资产负债核算表的功能定位之一是促进"生态国土"建设，然而，"生态国土"的建设并非仅仅依靠土地资源资产负债核算就能够完成的，"生态国土"建设这一宏观目标的实现，森林资源、矿产资源、水资源等其他自然资源必须与土地资源相配合，创造真正的生态价值量。因此，土地资源资产负债核算与其他自然资源是一个不可分割的整体，只有正确核算整体内各自然资源资产价值，才能有力推动中国生态文明建设。

（四）土地资源资产与其他自然资源资产价值核算上的"不重不漏"

土地资源是与矿产资源、林业资源、水资源、草业资源和海洋资源等资源并列的自然资源，同时又是其他自然资源的载体。国务院机构改革之前，以上资源分属不同的部门统计，因此就存在了国土部门一套林地数据，林业部门又有另外一套林地数据。这样重复统计的土地资源类型还包括农用地、草地、城镇用地等，这在日常规划管理中，不但存在多头规划和多重统计，还导致部门之间谁也不承认谁的权威性，有些问题反而是你推我我推你，找不着主管单位，造成了人力财力的浪费和管理上的无序。

党的十九大报告提出，设立国有自然资源资产管理和自然生态监管机构，"统一行使全民所有自然资源资产所有者职责，统一行

第六章　基于不动产统一登记的土地资源资产负债表编制研究

使所有国土空间用途管制和生态保护修复职责，统一行使监管城乡各类污染排放和行政执法职责"。这是加强生态文明建设的总体设计和组织领导的具体体现。

设立一个层次比较高、职能比较综合的新机构，整合现有的相关部门职能，以达到减少内耗，形成合力，提高效率的目的，这是生态文明制度建设中关键性、基础性内容。这一部署契合了山水林田湖草"生命共同体"系统保护的需要，体现了生态系统的综合性和监管的综合性，被认为是可以克服以往多头监管和"碎片化"监管问题的"撒手锏"。

中央关于生态文明体制改革的思路一直是明确的，相关部署和措施是前后衔接和稳定发展的。比如，党中央、国务院 2015 年印发的《生态文明体制改革总体方案》，在健全国家自然资源资产管理体制方面，提出"按照所有者和监管者分开并一件事情由一个部门负责的原则，整合分散的全民所有自然资源资产所有者职责，组建对全民所有的矿藏、水流、森林、山岭、草原、荒地、海域、滩涂等各类自然资源统一行使所有权的机构，负责全民所有自然资源的出让等"。在此基础上，党的十九大报告进一步提出了"统一行使全民所有自然资源资产所有者职责"的要求。

党的十九大提出生态文明建设改革措施，具有坚实的实践基础。事实上，在国家统一安排和地方自主探索下，浙江、福建、青海、吉林等地已经开展了自然资源资产统一监管和生态环境保护统一监管的试点工作。落实党的十九大的这一部署，要认真总结相关地方的试点工作经验，在此基础上设立中央级的国有自然资源资产管理和自然生态监管机构，并结合整个国家行政监管体制改革进程有序推进。[①]

---

① 曹红艳：《整合自然资源资产管理十分必要》，《经济日报》2017 年 11 月 6 日。

第三节 基于不动产统一登记的土地资源资产负债核算框架设计

中共十八届三中全会指出要编制自然资源资产负债表，目前，世界各国的自然资源资产负债表编制工作尚处于探索阶段。根据自然资源资产负债表编制先易后难原则，结合不动产统一登记对土地资源的统计，首先探索土地资源资产负债表的编制，为其他自然资源资产负债表的编制提供参考。

一　不动产统一登记与土地资源资产负债核算的联系

（一）不动产统一登记

2007年的《物权法》明确要求建立不动产统一登记制度，2013年国务院出台一系列的方案政策建立不动产统一登记制度。不动产统一登记制度的建立与实施，提高了不动产登记质量，避免产权的交叉与冲突，保证各类不动产物权的归属和内容得到全面、统一、准确的明晰和确认。通过不动产统一登记，可以最大限度地整合各类资源，确保各类不动产物权登记的准确性与全面性，同时能够准确反映各类不动产物权变动及其流向情况。

（二）土地资源资产负债核算

土地资源核算是指在一定的时间范围内对某一特定区域的土地资源进行调查，并对土地资源的实物量进行核算，同时对其价值量进行准确的估算。[①] 土地资源资产负债核算，不仅要能够反映某一时点土地资源的存量状况，而且还要能够反映其流量状态。通过对土地资源资产负债核算，来体现人类利用土地资源的行为后果——土地资源价值和功能的损益情况。

[①] 薛智超、闫慧敏、杨艳昭等：《自然资源资产负债表编制中土地资源核算体系设计与实证》，《资源科学》2015年第5期。

(三) 不动产统一登记与土地资源资产负债核算的关系

土地资源资产负债核算是对一定时间空间范围内土地资源的实物量与价值量的核算，实物量又包含存量与流量。不动产统一登记致力于登记各类不动产的物权归属，以及相应物权的流失等情况，并按照统一的标准登记整理各类不动产权利状况。不动产统一登记明晰了依托于土地资源的各类权利状况，准确地反映土地资源的存量与流量状况，为土地资源资产、负债确认范围提供基础资料，同时为土地资源资产负债核算与价值量评估奠定了基础。因此，可以说不动产统一登记是依产权对土地资源资产负债进行核算的第一步，也是最基础的一步。

二 土地资源资产负债核算的优先问题

在对土地资源进行资产负债核算前，首先要确定核算对象与核算目标，其次是要清楚土地资源资产负债核算的三大要素，最后是按照一定的核算原则进行核算。①

(一) 核算对象

相对于矿产、水等其他自然资源，土地资源的利用类型多样且存在相互转换的局面，那么，在这种情况下，土地资源的核算不仅要反映时间的变化，而且还要反映土地资源结构的变化。考虑到不动产统一登记的一致性，以及土地资源与其他自然资源的衔接性，对我国土地利用现状分类标准中的 12 个一级地类进行适当合并归类，确定土地核算对象为耕地、园地、林地、草地、公共管理与公共服务用地、水域及水利设施用地、其他地类。②

(二) 核算目标

土地资源核算的目标是通过对土地利用类型改变所引起的土地资源数量和质量的变化，对核算期内土地资源的功能和价值进行评估，以此来反映人类土地资源利用活动的行为后果。③ 其中，根据

---

① 姚霖、余振国：《土地资源资产负债表编制问题管窥》，《财会月刊》2016 年第 21 期。
② 同上。
③ 薛智超、闫慧敏、杨艳昭等：《自然资源资产负债表编制中土地资源核算体系设计与实证》，《资源科学》2015 年第 5 期。

资产负债表整体功能设置，着重反映耕地、湿地、林地等生态用地状况，同时详细考核占补平衡政策规定的新增耕地质量变动情况，以此实现土地资源资产负债表衡量生态功能损益的初衷。

（三）土地资源资产负债核算的三大要素

土地资源即为上述 7 类核算对象；土地资源资产主要是土地资源的经济价值、社会价值、生态价值，其中，经济价值主要是耕地、园地、林地等地类产生的产品价值，生态价值主要是由气候调节、气体调节、涵养水源、生物多样性维护、土壤保护与形成五方面构成，社会价值有休闲旅游与就业价值构成，土地资源负债则主要从人类活动对土地资源带来的不利影响出发，主要包括为保护土地资源对土壤污染、固体废弃物、水土保持等进行治理及开展土地整治、复垦和开发的资金投入。①

三 土地资源资产负债核算框架设计

基本思路是：立足当前已有核算内容，进一步将自然资源与可持续发展管理过程联系起来进行测算评价，提供相关信息。具体而言，应将资源可持续利用理念和对应的管理工具引入其中，重点关注经济活动过程中的资源消耗尤其是过度消耗，将资源过度消耗视为"欠账"，进而定义为对未来的"负债"、对环境的"负债"，以此为核心形成自然资源资产负债表。

通过自然资源资产负债表所提供的信息，应达到以下两个目标：第一是描述，即在资源可持续利用前提下，显示一定时期资源被利用程度有多高，资源过度消耗有多大，以及背后的原因，为相关管理部门提供数据依据。第二是评价，即把资源过度消耗作为"负债"，以此作为综合评价特定区域（领域）经济社会可持续发展状况的依据，其中包括领导干部离任责任审计。以下沿此思路讨论土

---

① 熊玲等：《自然资源资产负债表研究进展及框架结构探讨》，《农村经济与科技》2016 年第 23 期。

地资源核算的内容架构和具体设计。①

（一）总体框架

土地资源资产负债表总体框架主要由资产账户、负债账户、土地性质管理信息报告构成。其中，资产账户中包含所有土地类型的数量与质量、存量与流量信息，以及土地资源的实物量和生态价值量。负债账户主要保护土地实物量的账户，土地环境损失与生态用地损失等生态价值量损失账户。土地行政管理信息报告将以文本的形式对土地资产的损益情况做必要的补充，以此来增强土地资源资产负债核算的信度与效度。其中，土地资源的存量与流量状况是通过核算逻辑等式实现的，核算逻辑等式为：期末存量 = 期初存量 + 人为或自然原因增加量 - 人为或自然原因减少量。

（二）基础账户设计

资产账户主要由土地资产实物量账户及其变更矩阵（见表6-4）、耕地质量登记实物量登记表（见表6-5）构成，其他地类质量登记实物量登记表参照表6-5，在此不一一列举。其目的是通过详尽的土地资源存量与流量、数量与质量信息对其生态价值量进行核算。

表6-4　　　土地资源资产实务量账户及其变更矩阵
（表格设计参照土地利用现状变更矩阵）

	耕地	园地	林地	草地	公共管理与公共服务用地	水域及水利设施用地	其他地类
期初存量							
期内减少							
期内增加							
期末存量							
耕地							
园地							
林地							

---

① 高敏雪：《扩展的自然资源核算：以自然资源资产负债表为重点》，《统计研究》2016年第1期。

续表

	耕地	园地	林地	草地	公共管理与公共服务用地	水域及水利设施用地	其他地类
草地							
公共管理与公共服务用地							
水域及水利设施用地							
其他地类							

表6–5　　　　　　　　耕地质量及实物量登记

耕地质量等级	期初存量	期内增加	期内减少	期末存量
1级				
2级				
……				
15级				
合计				

负债账户主要是对不合理的开发利用活动所造成损耗并可在未来进行补偿的土地数量进行核算。对土地资源资产负债核算时，不仅要考虑人为因素造成的负债，还要考虑自然地质灾害等非人为因素造成的负债。但都应依据"耕地红线"和"生态红线"设定一个阈值，超过阈值需要恢复的土地数量即为土地资源负债。土地资源与环境损耗的土地损失实物量与土地开发利用导致的土地资源损耗的生态用地量应该在土地资产的减少量中予以核算。

表6–6　　　基于"耕地红线/生态红线"土地资源负债账户

	耕地	园地	林地	草地	其他土地
期初存量					
当期新增量					
当期减少量					
期末存量					

第七章 土地资源资产负债核算相关支撑政策及技术分析

第一节 不动产统一登记制度的完善

实行不动产统一登记，是明晰不动产物权，显化不动产价值的关键性改革，它将唤醒沉睡的不动产，源源不断地将不动产转化为促进经济社会发展的流动资本，为加快国家经济发展提供强劲的动力。不动产统一登记制度作为一项基础性制度，不但有利于更好地落实物权法的规定，保障不动产交易安全，保护不动产权利人的合法权益，还具有激活沉淀资产、撬动经济发展的杠杆功能，是稳增长、促改革、调结构、惠民生的重要政策工具。[1]

我国的不动产统一登记推行遇到种种阻力，究其原因在于没有统一的制度保障，中国目前的不动产登记制度并不是真正民法物权意义上的登记制度，而是带有浓重的行政管理色彩，且存在制度上的重大缺陷，已不适应不动产统一登记的需求。[2] 因此，我国的不动产统一登记制度需要迫切地加以改进和完善，使其成为加快不动产统一登记进程的动力，而不是阻力。

---

[1] 严之尧：《不动产统一登记制度改革的重大意义》，《决策探索》（下半月）2015年第11期。

[2] 王哲：《中国不动产登记制度的完善》，《辽宁科技大学学报》2011年第1期。

一 完善不动产统一登记制度的原则

(一) 统一性原则

不动产登记的分散，不仅降低了不动产登记的效率，使登记错误频发，而且还加重了登记机关的负担，造成行政资源的浪费，在一定程度上延缓了不动产统一登记进程的推进。不动产登记的统一性，首先要求不动产物权关系界定的标准统一，其次是登记立法，登记机关，登记证书、信息共享与保护等多层面。其中，统一的不动产登记机关是不动产登记的重要保障。①

(二) 有效性原则

重点规范不动产登记行为，强化政府责任，同时明确不动产登记审查机关以及登记审查方式，减少登记错误的发生，增强登记质量，增强不动产登记的严肃性、权威性和公信力。征求意见稿明确了包括房屋等建筑物、构筑物所有权在内的 10 类不动产需要按照规定进行登记。

(三) 效率性原则

我国不动产登记机关职能设置的混乱，技术标准的差异性，登记程序与不动产登记权属类型的不统一，不仅加大了登记机关的工作量，且不利于登记信息的整合与登记信息共享平台的建立。针对这种情形，首先要整合登记机关职责，提高登记效率，其次要秉承方便群众的原则，实现一个窗口服务于群众不动产登记申请、变更登记申请，以及不动产登记资料查询等业务需求，并简化程序，提高为群众服务的效率。

(四) 不退不换原则

注重保护不动产物权的稳定与连续，已经发放的权属证书继续有效，产权不发生变动，不必换证，在依法办理变更登记、转移登记等登记时，可更换不动产权属证书，已经依法享有的不动产权利

---

① 何欢乐、姜栋、张鹏：《切实推进中国不动产统一登记的新思路——解决分散登记问题的过渡期方案》，《中国土地科学》2013 年第 7 期。

不因登记机关和程序的改变而受影响。

二　不动产统一登记制度的完善

我国现行的不动产登记制度主要是以行政管理为目的，制度的执行有违民法意义上制度构建的初衷，不能满足物权公示原则和物权交易的客观公正性。因此，对现有的不动产登记制度进行改造，建立统一的不动产登记制度，是当前亟待解决的问题。

（一）统一各类不动产登记法

《物权法》确立了我国的不动产统一登记制度，但我国并没有统一的不动产登记法对不动产登记进行监督指导，现有指导不动产登记的法律、法规，不仅零散，而且大多是为登记机关的行政管理服务[①]，各层级指导不动产登记的法律文件的实施，架空了物权法的原则性地位，违背了物权公示、公信的原则。针对各层级不动产立法与物权法的衔接问题，相关部门出台的司法解释作了变通，但不能从根本上解决不动产统一登记物权登记的法律适用问题。

针对我国不动产立法现状，建立指导全国不动产统一登记的不动产登记法势在必行。根据国家法律的衔接性，物权的变动不仅仅是实体问题，保障物权有秩序变动，完成物权变动的公示，还需要程序性规定，既然物权法已经从整体对不动产物权变动做了实体性规定，那么不动产登记法就应着重以程序方面解决物权变动问题。统一的不动产登记法应当详细规定登记的具体范围、登记程序、登记审查机关和具体方式、登记机关以及登记人员的职责和权限、登记错误的补救措施、登记信息的查询制度等。[②] 既然将不动产登记法定位于物权程序法，就应当注重从物权实体法和程序法两方面对不动产统一登记作更加细致的规定。总之，统一的不动产登记法将有效提高不动产登记的效率，是我国不动产统一登记制度实现法律依据上的统一。

[①] 成小飞：《我国不动产统一登记制度探析》，硕士学位论文，苏州大学，2014年。
[②] 施竞男：《我国不动产统一登记制度研究》，硕士学位论文，南京农业大学，2009年。

（二）登记机关职能整合，去行政管制色彩，凸显公示公信作用

面对我国不动产登记"多头执政"的局面，有必要对不动产登记机关进行智能化整合，促使不动产登记机构统一化、专业化发展。2015年颁布实施的《不动产登记暂行条例》认定国土资源部为不动产统一登记机关，破除了不动产登记机关散乱、行政管制色彩浓厚等扰乱不动产统一登记秩序的不良局面。由于土地承载性，使林权、草原权、采矿权等依附土地而生，将不动产登记机关统一为国土资源部，既可以保证各类不动产登记的连贯性与一致性，又可以借助国土资源部相对完善的土地登记资料数据库以及登记人员熟练的业务水平，促进不动产统一登记业务专业化发展。实现全国不动产统一登记是一项很大的工程量，统一的不动产登记机关，将促使登记业务专业化发展，从而堵塞了原登记机关行政干预物权登记的途径，彰显不动产统一登记的公示公信作用。[①]

（三）统一权属证书

由于法律依据和登记机关的不统一，导致不动产权属证书种类繁多，不仅加重了不动产权利人的登记申请成本，而且增加了不动产登记申请及其物权变更申请的难度，增加了不动产登记成本且降低了不动产登记的效率。不动产统一登记制度的归宿在于不动产权属证书的统一，统一的不动产权属证书就要以"一物一证"取代"一人一证"，证书上要记录不动产详细的自然属性、现有状况、权利人信息、权利归属信息、权利流转信息等完整全面的不动产自然状况和权利状况。权属证书的统一，将有效预防权属证书种类繁多，以及同一权利类型却拥有的不同权属证书的混乱局面，彻底改变所有权证、使用权证、林权证等多种权属证书同时存在的情况，提高产权信息的透明程度。

（四）建立完备的信息平台与查询制度，实现信息共享

在我国的各类不动产登记中，房产和国土资源信息化程度较高，

[①] 朱珍华：《我国不动产统一登记制度建构新探》，《广西民族大学学报》（哲学社会科学版）2014年第5期。

第七章 土地资源资产负债核算相关支撑政策及技术分析

农业的信息系统正处于建设时期,而林、草业的信息化程度较低,以至于缺乏基本的信息系统。不动产登记的目的在于公示公信,首先,必须在现有的信息系统的基础上,不断完善农业信息系统,并建立完善的林业、草业等信息系统,扩大遥感、GIS 等国土空间信息收集技术的应用范围,争取建立系统完整的不动产信息系统。然后,依托互联网和数据库技术,将依托于不动产的各类信息以数字化的形式存储于互联网数据库中,建立不动产信息共享平台,以消除"信息孤岛",实现全国不动产登记信息一体化管理。对应于完备的信息平台,则需要建立配套的不动产信息查询制度,使不动产相关权利人以及国际权力机关可以依法申请查询特定不动产信息,从而全面实现不动产信息的数字化管理,提高不动产登记、查询权利变更登记效率。

(五)明确登记审查方式,建立登记错误救济途径

目前,不动产登记的审查方式主要有形式审查和实质审查两种,形式审查注重登记的效率,实质审查注重登记的公信力,而不动产审查方式的关键是如何协调登记的公信力与登记的效率,结合我国不动产登记实践,认为我国应采取实质审查方式来保证不动产登记的公信力。一项完整的不动产统一登记制度,必不可少的就是不动产登记错误的救济机制。首先,登记错误的救济途径主要有更正登记与异议登记,更正登记是实质审查和登记错误赔偿机制的补充,三者结合形成一个完整的登记错误救济体系,而异议登记则是在更正登记被拒绝后的有一项纠正登记错误,维护登记公信力的错误救济路径。其次,要完善登记机关的赔偿责任,登记机关要对登记错误承担严格责任,并对登记错误进行赔偿,以维护登记的公信力。最后,要健全登记错误补偿的配套措施,结合国内外登记机关对登记错误赔偿的实践,认为登记机关可以用设立专门的赔偿基金、向保险公司投保等方式建立登记错误赔偿机制,以这种方式建立的赔偿机制,可以获得较稳定的赔偿资金,对于弥补登记错误具有重要意义。

第二节　国土空间规划和监测体制的完善

随着经济社会"新常态"的深入，国家也在对相关政策体制进行改革，以便破除不合理的政策体制对经济社会"新常态"的束缚，其中，优化国土空间开发格局，国土资源的空间规划体制的完善也因此被提上决策层放在了重要位置。《全国国土规划纲要（2016—2030年）》（以下简称《纲要》）指出，要贯彻区域发展总体战略和主体功能区战略，对国土空间开发、资源环境保护、国土综合整治和保障体系建设等做出总体部署与统筹安排。要进一步优化国土开发格局、提升国土开发质量、规范国土开发秩序、优化生产、生活、生态空间，推进生态文明建设，完善国土空间规划体系和提升国土空间治理能力。这是我国首个国土空间开发与保护的战略性、综合性、基础性规划，对涉及国土空间开发、保护、整治的各类活动具有指导和管控作用。

国土资源"十三五"规划纲要指出：要以协调构建国土资源开发利用新格局为目的，完善国土空间规划体系，优化国土资源开发利用布局，推动区域协调发展，促进城乡协调发展，推进陆海统筹协调发展。目前，国家发改委、国土资源部、住建部和环保部正在研究起草"多规合一"的改革方案，多规合一主要涉及国民经济和社会发展规划、土地利用规划、城乡规划这三类规划，他们的核心是要处理好国民经济和社会发展规划与国土空间规划之间的关系。

一　我国国土空间规划体系存在的主要问题

我国目前的国土空间规划体系主要是以土地利用总体规划、城乡规划、区域规划为主体，在工业化、城镇化和农业现代化进程中发挥了重要作用。同时，现行规划体系存在的问题也很突出，主要表现在以下几方面：

(一) 规划自成体系、内容冲突、缺乏衔接协调

我国各类空间规划编制是由相应的职能部门负责的，目前还没有一个全国统一的职能部门或规划协调机构协调指导各类空间规划的编制，同时由于缺乏能够指导全国各类空间规划编制的宏观指导性的纲领性文件，使我国各级各类的空间规划处于一种混乱状态。我国现行的规划是自上而下，上级规划指导下级规划的编制，各省、市、县、自治区均已形成独立的规划体系，使我国空间规划碎片化问题突出，各行政区域之间规划协调机制的缺失，使同一级别不同区域的空间规划缺乏衔接协调。

空间规划碎片化不仅表现在行政区域的碎片化，各类空间规划也同样处于碎片化状态。不同类别的空间规划是由不同职能部门编制的，各职能部门基于本行业的特点和专业发展前景开展相应的规划工作，规划出发点的不同，往往导致各类规划自成体系，在空间开发思路、发展路径与重点等重大原则性问题上产生偏差、歧义，甚至内容冲突，造成同一级别不同类别的空间规划不能有效衔接。

(二) 部分规划重局部轻全局、重当前轻长远

德国的空间规划体系是由联邦、州、地方三级构成，联邦一级的规划是对整个国家的国土开发进行战略性、方向性、纲领性的框架设计，是"指向性框架"。州制定符合本州情况的国土空间规划，确定本州国土空间协调发展的原则和具体目标，指导和制约区域与地方规划，同时协调各部门规划。地方一级的规划将空间规划落实到地块上。而我国规划体系的分散，以及缺乏全国性的空间规划指导性文件，使各行政区域着眼于本区域的发展制定空间规划，这种地区分割、各行其是的重局部轻全局的混乱局面，容易造成各地区空间规划对空间资源的争夺及浪费，不利于区域可持续发展。上层位的规划意图与下层位规划的衔接协调是空间规划的协调，但我国规划权利的下放以及规划的监控协调机制的不畅，使地方规划存在诸如急功近利、贪大求洋等重当前轻长远的情况，下位规划与上位

规划并不完全衔接协调，导致国家规划在逐渐落实中层层衰减，影响国家空间发展、资源节约、环境保护等战略和政策的有效实施，制约经济社会可持续发展。[①]

二　完善国土空间规划体系的途径

（一）创新规划理念，推动土地利用规划、城乡规划、区域规划在空间上的整合优化

按照以往的规划顺序，通常是优先选定开发、建设空间，而后在余下的国土空间里寻找生态与农业空间，这种重开发轻保护的规划理念显然已经不能适应经济"新常态"下国土资源可持续发展的思想。创新规划理念，按照"反规划"的理念，调整国土规划编制的优先顺序，将生态文明放在第一位，首先选定生态和农业空间，然后在寻找开发和建设空间，从而促进土地利用规划、城乡规划、区域规划在空间上的整合优化。

在现有土地利用总体规划、城乡规划、区域规划的基础上，综合考虑国土空间开发和资源节约利用，进行国土空间规划的顶层设计，同时，按照国家"一级政府、一个规划"的总体要求，提出国家、区域、县级三级空间规划编制体系，分别突出空间保护、空间协调和空间管制功能。[②] 在全国和省级层面应编制国土规划，确定生态、经济发展、重大基础设施建设、农田保护的大空间，在市域和县域层面做土地规划，让空间规划落地，按照"反规划"的理念优先划定生态空间和农业空间，划定城市发展边界，在具体的市、县、镇、村，做城乡发展规划。

编制不会随着经济社会形势发生根本性变动的国土空间规划，作为我国空间开发的战略性、基础性和约束性规划。[③] 为保障上位

[①] 司劲松：《构建我国国土空间规划体系的若干思考》，《宏观经济管理》2015年第12期。

[②] 张衍毓、陈美景：《国土空间系统认知与规划改革构想》，《中国土地科学》2016年第2期。

[③] 杨荫凯、刘洋：《加快构建国家空间规划体系的若干思考》，《宏观经济管理》2011年第6期。

规划与下位规划的有效衔接，在各省、市、自治区编制省级层面的国土空间规划，作为省域国土空间开发的战略性、基础性和约束性规划。省域空间规划对省域空间规划国土空间开发格局、区域主体功能定位、省域土地利用和保护进行性规定。落实国土空间规划的空间管制功能，促进县域"多规合一"，编制县域一本规划、一张蓝图的国土空间规划，对县域空间战略、县域城镇村体系和交通等基础设施等做出安排，更重要的是开展县域全覆盖的土地用途管制分析，制定空间管制规则，实现全域空间管制。

（二）国土空间规划监测体制的完善

国土空间规划是服务于国土空间合理布局和开发利用的长期规划，着眼于未来10—15年的长远可持续发展，涉及全体人民的福利，属于约束性规划，可以定期评估和调整。而规划的评估和调整离不开国土空间规划监测，对国土空间规划实施状况进行检测。目前，我国尚没有完整的规划监测体制。

（三）成立国土空间规划监测委员会

国土空间规划属于长期规划，若要维护其合理利用和充分保护土地资源的实效性，就必须对规划实施过程进行动态监测。也就是说，有必要成立国土空间规划监测委员会，对其实施过程进行监测。对应于国土空间规划三级编制体制，国土空间规划监测委员会也应该构成三级分布的局势。由于国土空间规划的各级主要功能的不同，县域空间规划落实了空间规划的管制作用，国家层面的空间规划是国土空间规划的纲领性、原则性文件，并无实际的规划内容，而市域的空间规划则起到一个空间协调作用。那么，相应的对于国土空间规划的监测应自下而上进行，首先监测县域空间规划的落实情况，以及县域空间规划是否适应经济社会可持续发展要求，其次是监测县域空间规划与市域空间规划的衔接程度，并对不适应经济社会可持续发展的规划进行修改，最后是对国家层面空间规划的一个整体把控，根据逐级汇总的问题，对国土空间规划进行修改，以适应经济"新常态"对国土资源的要求。①

（四）建立统一的国土空间规划数据库，为国土空间监测提供依据

国土空间规划的编制和监测需要大量的基础数据支撑，而我国由于国土空间规划编制权利的分散，导致各类空间规划所需的基础数据分布也是散乱的。同时，受各类空间规划编制单位技术水平的限制，可能搜集不到相应的基础数据，或者基础数据技术标准不一，从而影响国土空间规划地监测。国土空间监测离不开完善的国土规划数据库，为提高国土空间的监测精度，首先，需要统一各类空间规划的技术标准。其次，需要补充完善国土空间规划的基础数据资料，建立国土空间规划数据库。最后，由国土空间规划委员会按照统一的标准，采集能够反映国土空间规划实施情况的数据，并将采集到的数据录入国土规划数据库，监测国土空间规划实施的动态情况。

第三节　土地资源监测技术精度的提高

近年来，随着科学技术的进步，数字化、信息化、智能化成为社会发展不可阻挡的趋势，在此背景下，土地资源监测技术改进，提高其监测精度是不仅适应时代发展的要求，而且也是为建立土地资源永续利用和有效保护监测预警机制的必然要求。

一　土地资源监测的目的、意义

（一）土地资源监测的目的

土地资源监测主要是对土地资源数量、治理、结构、生产力、空间布局、利用方式及其动态变化进行监测，目的在于及时、准确

---

① 张丽君：《典型国家国土规划对我国的借鉴与启示》，《国土资源情报》2011年第9期。

地掌握土地资源状况与土地利用动态信息，揭示其变化规律，为各级政府与土地管理部门制定土地资源管理政策、编制各项土地资源管理规划和落实各项管理措施提供科学依据，从而为国家制定经济建设的重大决策提供土地资源的信息依据。

(二) 土地资源监测的意义

土地资源监测保持了土地资源有关数据的现势性，保证信息能够不断更新。通过动态分析，揭示了土地资源及其利用状况变化的规律，为宏观研究提供依据。可以反映土地利用规划实施情况，为国土空间规划的编制提供参考。通过对一些重要指标进行定时监控，设置预警界限，为政府制定有效措施和政策提高服务。及时发现违反土地管理法律法规的行为，为土地监察提供目标和依据。

土地资源监测结果能够充分反映人类社会经济活动对土地资源的影响，为各级地方政府调整土地管理政策以及土地资源利用的发展方向，提供基本的数据支撑。土地资源监测是国土管理工作中必不可少的环节，也是促进土地资源优化配置的重要参考。

二　土地资源监测的技术支撑

(一) 遥感监测技术 (RS)

遥感监测是指采用遥感技术手段，对土地资源实施宏观动态监测，及时发现土地利用发生的变化，并作出相应的分析。遥感技术是一种信息获取手段，其特点就是获取的信息量丰富，并且信息获取时间短、效率高，并且还具有多光谱效应。遥感监测数据源主要有 SPOT1、2，TM、ETM + 等卫星影像、部分雷达数据和航空相片等[1]，其中 TM 遥感影像图的分辨率为 30 米 × 30 米[2]，图像清晰度不够，能够有效承载的地物信息量低，不仅影响了地物识别，而且

---

[1] 张定祥、刘莉：《国家土地资源调查监测技术体系建设设想》，《新技术在土地调查中的应用与土地科学技术发展——2005 年中国土地学会学术年会论文集》，中国广东佛山，2005 年 12 月，第 18、19 页。

[2] 沙晋明、王人潮：《土地资源遥感动态监测技术系统》，《测绘通报》1998 年第 6 期。

也不能满足1∶5万以上大比例尺图幅制作的要求，不利于开展城市土地利用动态监测和以土地二级分类单元为单位的监测。

（二）土地变更调查技术

土地变更调查是在土地利用现状数据库与遥感影像数据，对土地资源利用现状及其变化进行外业调查，从而获得土地资源变化信息，实现对土地资源数据库的实时更新。土地变更调查是土地调查的重要组成部分，也是我国土地管理工作的一项基础性工作，技术较为成熟。利用土地变更调查数据，监测土地资源的数量、结构、类型等变化情况，是土地资源监测的一条重要途径。①

（三）动态监测预警技术

2016年，按照深化改革任务的整体部署。国家发改委会同中国科学院和国土资源部等13个部委，联合发布《关于印发资源环境承载能力监测预警技术方法（试行）》，资源环境承载能力预测预警技术是建立资源环境承载能力预测预警机制的需要，是推进生态文明体制改革的核心制度。按照深化改革任务要求，资源环境承载能力监测预警，要对资源环境进行定期监测、定期评估、定期预警，为国家制定区域政策提供依据，将在对地方生态文明进行考核、自然资源资产核算等方面发挥基础性作用。

三 土地资源监测技术精度的提高

通过对土地资源进行监测，可及时掌握土地资源与土地利用的动态信息，揭示其动态变化规律，为调整土地利用政策提供依据，为改善土地资源质量提供数据支撑，同时有利于土地资源保护和土地资源的信息化管理。② 随着科学技术的不断进步，国土资源建设也在向"数字化"方向发展，"数字化"首先要求拥有完整的土地资源基础数据，其次是对土地资源动态变化监测数据的不断更新与完善，这对土地资源监测技术精度的提高有很高的要求。

---

① 陈建军、雷征：《浅析土地利用规划实施动态监测预警技术》，《中国国土资源经济》2014年第8期。

② 彭哲：《浅淡土地资源动态监测与预警》，《科技传播》2011年第10期。

（一）遥感技术精度的提高

运用遥感技术获取土地资源利用状况信息，是我国土地资源监测最主要的途径，目前，遥感监测数据均来源于单一类型的资源卫星，受特定资源卫星探测数据质量、范围及其技术精度等因素限制，不能满足土地资源监测数据规模化的需求，综合利用来自不同资源卫星系列、不同传感器类型的遥感数据，不仅可以实现各种遥感技术的优势互补，提高土地资源监测质量，而且还可以改变单一类型遥感数据信息量不足、监测精度不高的局面。同时，加强雷达遥感的应用研究，特别是多云、多雾等气象条件不好、难以获取有效光学影像的地区的应用。

（二）土地变更调查技术精度的提高

现行土地变更调查存在各类土地调查部门衔接不到位，缺乏一个与变更调查衔接的系统，导致土地变更调查数据标准不一以及数据搜集、汇总困难，从而影响土地变更调查技术精度。提高土地变更调查技术精度，首先要建立国土资源系统内各部门工作和土地变更调查工作的衔接机制，在明确各部门分工的情况下，汇总各类土地变更数据，然后再对汇总数据进行质量检查，保证变更调查数据质量。其次是开发变更调查软件，如土地变更调查建库软件、更新数据上报软件、质检软件等，相关变更调查软件的开发与应用，不仅可以缩减变更调查工作量，而且还可以提高变更调查技术精度，减少人为错误发生的概率。最后，要对土地变更调查技术人员进行技术培训，提高其业务熟练程度，熟练掌握应用变更调查软件，全方位多角度地提高变更调查技术精度。[①]

（三）监测预警技术的提高

目前，我国的资源环境承载能力监测预警正处于开发试点阶段，作为资源环境承载能力监测预警的分支——土地资源监测预警同样

---

① 黄润兴：《日常土地变更调查工作思路与技术初探》，《广东土地科学》2016年第2期。

处于开发阶段。建立土地资源监测预警机制，首先要建立土地信息系统（LIS），综合土地资源管理、遥感技术、地图学等学科，建立一门以土地科学与信息科学为依托的综合性学科，延伸地理信息系统（GIS）在土地管理方面的运用，从而为提供土地资源监测数据源质量打下坚实的基础。其次是建立管理信息系统（MIS），MIS是一个由人、计算机及其他外围设备等组成的能进行信息收集、传递、存储、加工、维护和使用的系统，通过MIS可以对数据进行筛选处理并编制成土地资源监测预警所需的信息材料，以便土地资源管理人员作出正确的预警判断，不断提高土地资源监测预警的技术精度和管理效率。

第四节　土地资源调查制度的完善

土地调查制度是指对土地的位置、面积、分布等自然属性和土地权属等社会属性及其变化情况进行的调查、监测、统计、分析的活动。通过土地资源调查，明确土地资源权属状况，为建立不动产登记制度提供依据，同时也为土地资源资产负债核算奠定坚实的基础。完善的土地资源调查制度是提高土地资源调查质量与效率的制度保障。

根据我国土地资源调查实践经验，我国的土地资源调查普遍存在数据资料不完整，调查数据不能真实反映各类土地资源真实状况，以及重视土地资源数量调查，忽视土地资源质量、生态价值调查等缺陷。究其原因，主要是土地资源调查制度体系的不健全所致。因此，本书将从管理体制、运行机制、技术体系、调查方案等几个角度探索建立完善的土地资源调查制度。

一　土地资源调查体制管理与市场经济相结合

（一）成立国家级专职土地调查机构

我国目前的土地调查任务由地方政府承担的，各地在土地调查过程中，存在基于自身发展及其利益的考虑，不报或瞒报土地资源真实状况的情况大有存在，土地调查数据资料的不准确，不能真实反映土地资源利用现状及其动态变化信息。因此，成立国家级专职土地调查机构，整合地方政府的土地资源调查权利，全面负责全国土地资源的调查工作，统一土地资源调查技术标准，实现土地资源调查与数据上报"一条龙"服务，彻底摆脱地方政府对土地资源调查的干扰，确保其调查数据资料的真实性与有效性。①

(二) 促进土地调查事业的社会化和产业化

为提高土地资源调查质量与效率，运用市场机制对土地调查的使用进行改革。将现有的土地调查机构改造和规范以市场中介性土地调查为主，独立参与市场竞争的中介结构和以承担政府公益性土地调查为主，协助政府实现管理职能的事业机构，逐步建立起两类机构业务互补，并存发展的新体制。在土地资源调查中引入市场竞争的概念，通过招投标的形式，将土地资源调查业务外包给中介机构，通过社会技术力量与现有土地调查技术的对比竞争，促进国土部门土地调查技术精度的提高。将土地调查制度与社会主义市场经济的结合，打造公开、公平、公正的土地调查市场，使土地调查事业向社会化和专业化方向发展。

二 在土地资源调查运行机制方面的改善

(一) 土地调查机构资质审批制度和土地调查人员持证上岗制度

建立土地调查机构资质审批制度和土地调查人员持证上岗制度是土地调查制度的重要组成部分。建立土地调查人员持证上岗制度，确保土地调查人员进行职业资格认定与教育，同时对非官方土地调查人员的执业技术水平进行认定，由此便可以保证土地调查人员拥有高水平的土地调查能力。通过对土地调查机构进行资质审查，加强对土地调查机构的监督管理，增强土地调查机构工作的规

---

① 汪秀莲：《我国土地调查制度改革的思路与建议》，《新技术在土地调查中的应用与土地科学技术发展——2005年中国土地学会学术年会论文集》，广东佛山，2005年12月，第35—40页。

范性，增强土地调查数据资料的准确性与可靠性，以高素质的土地调查队伍建设来提高土地资源调查效率、质量。[①]

（二）调查监理制度

成立国家级土地调查监管机构，同时扩展土地调查公众参与渠道确保公众参与土地调查的权利。通过国家专业土地调查监管单位与公众参与共同对土地调查进行监督管理，可以实现对土地调查的事业单位以及社会中介调查机构进行全方位的监督管理，促使其调查过程规范化并保证调查成果质量。[②]

三 建立完善的土地调查技术体系

（一）建立统一的土地调查技术标准和规程

目前，我国的土地调查权限分散在各部门，各部门均有自己独立的土地调查程序，技术标准各异，导致土地调查数据库建设困难重重。建立全国统一的土地调查技术标准与规程，确保不同部门土地调查数据的一致性，不仅能够提高土地调查数据的有效性与适用性，而且有利于整合不同部门的土地调查数据，提高工作效率。

（二）加强土地调查信息化建设

汇总土地调查成果，建立土地调查基础数据库，同时根据土地利用变更调查数据资料，不断更新完善土地调查数据库。利用数据库技术和互联网技术，将土地调查数据库建设与土地利用现状图结合，促进"以图管地、以图批地"新局面的到来，实现土地调查工作的信息化管理，全面提高土地调查成果为国土资源管理服务的质量、效率和水平，充分发挥土地调查制度的作用和效应，提升土地调查行业形象，巩固土地调查制度地位。

四 科学规划设计土地资源调查方案

土地资源调查通过影响国家的粮食安全、经济安全、生态安全、资源安全，进而影响我国的社会安全。要解决这一问题，就必须科

---

① 毕为正：《浅析完善土地调查制度体系》，山东省数字国土学术交流会，中国山东青岛，2007年6月，第150—151页。

② 杨桂珍：《土地调查制度研究》，硕士学位论文，中国海洋大学，2009年。

学规划设计土地资源调查方案，使其更加全面，更加有针对性。[①]

（一）注重土地资源生态价值的调查

土地资源调查不仅要调查其自然属性与社会经济属性，还有调查生态属性，我国的土地资源调查内容局限于土地资源的数量、空间分布、权属状况等，缺乏对土地资源生态价值的调查。目前，我国是生态环境处于一个整体不断恶化的局面，生态赤字不断扩大，不利于土地资源的可持续发展。以土地资源系统论为指导，拓宽土地资源调查范围，对土地资源的生态价值进行调查监测，强调土地资源的生态价值，才是实现土地资源可持续发展的必由之路。

（二）强化土地资源质量调查

土地资源的质量是指土地资源作为某种用途的适宜性以及适宜程度，是对土地资源综合属性的一种评价。土地资源的质量包括生产潜力、适宜性及利用效率三个方面的内容。对土地资源质量进行调查，充分了解我国土地资源质量现状，并在此基础上不断挖掘土地资源潜力，实现土地资源利用价值最大化，提高土地的生产效益，同时为合理利用和保护土地资源提供有力的数据支撑，推动土地资源可持续发展。

---

① 任锋：《土地资源调查中的政府管理研究》，硕士学位论文，长安大学，2013年。

附　录

土地资源资产负债表编制方案

一　总说明

编制土地资源资产负债表，就是要结合土地资源调查、土地利用总体规划和年度计划、耕地保护和土地整治、土地征收和农转非、土地节约集约利用和土地登记等日常土地管理工作，并利用土地生态环境保护等方面数据，配合专门的实地调查和数据收集等工作，最终核算土地资源资产和负债实物量和价值量的存量及变动情况。

（一）编制土地资源资产负债表的构成

本方案主要借鉴了国民账户体系（SNA—2008）、联合国粮农组织（FAO）指南和联合国环境经济核算体系（SEEA—2012）的理论和方法来构建土地资源资产负债表。土地资源资产负债表按照会计恒等式"资产－负债＝净资产"来列示资产、负债和净资产的平衡关系。报表的左边列示的是土地资源资产，报表的右边列示的是土地资源负债和净资产。考虑到土地资源核算的复杂性，为了更清楚地反映土地资源的资产负债情况，本方案将土地资源资产负债表分为实物量表（表1）和价值量表（表2）。[①]

[①] 韩德军：《土地资源资产负债表编制方法探究》，《才智》2015年第8期。

表 1 土地资源资产负债（实物量表）

编制单位：

核算年度： 单位：公顷

资产					负债及净资产				
项目	期初存量 A	本期增加量 B	本期减少量 C	期末存量 D	项目	期初存量 E	本期增加量 F	本期减少量 G	期末存量 H
	面积					面积			
1. 耕地					10. 土壤污染防治负债				
2. 园地					11. 农业土壤肥力改良负债				
3. 林地					12. 土地生态环境修复负债				
4. 草地					13. 土地整治负债				
5. 城镇及工矿用地					14. 违法建设用地治理负债				
6. 交通运输用地					15. 负债合计				
7. 水域及水利设施用地					16. 净资产				
8. 其他用地									
9. 资产合计					17. 负债及净资产合计				

表 2　　　　　　　　土地资源资产负债（价值量表）

编制单位：

核算年度：　　　　　　　　　　　　　　　　　　　　单位：万元

资产				负债及净资产			
项目	期初价值量 A	本期变化量 B	期末价值量 C	项目	期初价值量 D	本期变化量 E	期末价值量 F
1. 土地资源经济价值				5. 土壤污染防治负债			
2. 土地资源生态价值				6. 农业土壤肥力改良负债			
3. 土地资源社会价值				7. 土地生态环境修复负债			
				8. 土地整治负债			
				9. 违法建设用地治理负债			
				10. 负债合计			
				11. 净资产			
4. 资产合计				12. 负债及净资产合计			

（二）编制土地资源资产负债表的统计核算范围

1. 统计核算时间范围

本方案的核算期 1 年度，时间为每年 1 月 1 日至 12 月 31 日。

2. 统计核算主体范围

政府作为社会公共事务的管理者，对土地资源的保护和管理负有最终责任，因此土地资源资产负债表的编制主体是试点县县级政府。

3. 统计核算对象范围

对于土地资源账户编制对象,联合国统计委员会提出的环境经济核算体系 SEEA—2012 认为:"虽然'土地'一词通常指陆地区域,但是在环境经济核算体系中,这个词也适用于被水覆盖的区域。因此,环境经济核算体系土地账户包含河流和湖泊等内陆水资源覆盖的区域,在某些应用方式中,土地账户可能延伸至包括近岸水域和一国的专属经济区。"借鉴以上理念,如果以我国各级行政区为编制土地资源资产负债表的单位,核算对象应该包括该行政区内全部国土面积。

4. 土地资源资产的价值构成

马克思的劳动价值论认为商品价值量的大小是由凝结在商品中的社会必要劳动时间决定的。虽然自然的土地资源不是劳动产品,没有价值。但土地具有稀缺性,并能为其所有者带来地租收入,可作为商品进行买卖,就为其带来价值。另外,土地作为所有社会经济活动的承载体,人类在利用土地时,除了要重视其经济价值,还不能忽略其生态价值,和其作为公共资源载体所承担的社会价值,因此,土地资源价值主要由三个方面构成:

(1) 经济价值。土地资源的经济价值是指能向人类永续的提供产品和服务,即在一定的劳动条件下土地本身能产生收益,随着土地权利的转移,这种收益的归宿也发生转移,因此土地在交易过程中实际上是对土地权利的转移,因此核算土地经济价值是对土地权利市场交易中实现的土地纯收益现值的总和评估来实现。

(2) 生态价值。土地是一切陆地土地生态系统的载体,人类的任何经济社会活动都离不开土地;另外,人类的土地利用活动也会影响土地生态系统,土地生态系统中各种要素都具有特定的生态服务功能,通过科学的方法对各类土地生态系统的生态价值进行数值化核算,可得出土地利用对生态环境影响的定量化结果,即为土地资源的生态价值。

(3) 社会价值。即土地资源对人类的衣、食、住、行以及心理、情感和自我实现等方面均产生作用，因此，土地的社会功能非常广泛，但是为了体现土地资源对全社会公民公共利益的重要性，并作为土地资源经济价值核算未尽方面的重要补充，本课题认为土地资源社会价值是提供给人类旅游休憩的价值和提供社会保障的价值。

上述三种价值从本质上来说，最终都会物化为经济利益，经济价值代表的是直接的经济利益，生态价值和社会价值代表的是间接经济利益，需要通过若干中间的过渡环节转化为经济效益，因此，土地资源预期给人类带来的经济利益实际上是上述三种价值总和。但是，土地的生态价值和社会价值并不存在真实的市场交易价格，只能通过虚拟的价格来计算。

土地资源资产价值构成及列报方式如表3所示：

表3　　　　　　土地资源资产价值核算内容

价值评估对象	价值构成	列报方式
土地资源资产	经济价值	列入自然资源资产负债表
	生态价值	列入自然资源资产负债表
	社会价值	列入自然资源资产负债表

（三）方案中实物量指标和价值量指标的小数位规定

在方案编制中，土地资源资产负债表实物量和价值量指标，以及在价值量计算过程中采用的指标和参数均采用《中华人民共和国法定计量单位》，并在小数点后保留两位小数。

（四）本方案的解释权归属

省级统计部门对本方案拥有最终解释权。

二　编制土地资源资产负债表的核算方法及数据来源

（一）编制方法

编制土地资源资产负债表分为实物量表和价值量表，其中，核算土地资源资产负债的实物量变化可以了解引起各种类型土地资源实物变化的原理和方向，而土地资源资产负债价值量的核算结果可以列入国民经济核算体系，成为建立健全绩效评价体系的依据。

编制土地资源资产负债表的工作主要包括以下几部分：

第一，为了准确而直观地掌握土地资源资产负债的产生原因和机制，明确土地资源在核算期内的实物量变化，编制《土地资源实物量转移矩阵》，以明确引起的各种类型土地资源面积转换的原因，并最终核算《土地资源资产负债表（实物量表）》；

第二，通过《土地资源资产的经济价值核算表》核算土地资源资产经济价值期初存量、期末存量及本期变化量；

第三，通过《土地资源负债的经济价值核算表》核算土地资源负债经济价值的期初存量、期末存量和本期变化量；

第四，通过《土地资源生态价值核算表》和《土地资源社会价值核算表》分别核算土地资源生态价值和社会价值的期初存量、期末存量和本期变化量；

第五，将上述核算出的资产负债期初存量、期末存量和本期变化量统计核算，形成《土地资源资产负债总表》。

（二）数据来源

编制土地资源资产负债的实物量账户时，数据主要来源于由试点地区自然资源部门提供的历年《土地利用现状变更调查数据》《城镇地籍变更调查数据》《增加耕地指标占补平衡台账》《农用地转用明细表》《征收土地情况汇总表》《矿山整治情况统计数据》以及《自然灾害治理统计表》；由环保部门提供的《固体废弃物情况统计数据》和《土壤污染统计数据》；由水利部门提供的《水土保持治理统计数据》等

核算土地资源资产负债表价值量时，除了用到以上实物量中涉及的各类型土地面积外，还需要查询和参照由试点地区自然资源部门提供的《城镇基准地价体系》《征地统一年产值标准和区片综合地价》《国有土地使用权出让金台账》和《城镇土地估价规程》等资料中关于相关类型土地价格的估算方法和结果，在对不同土地类型所归属行业的收益、成本和费用，以及不同功能用途的地上建筑物的通用造价成本进行详细查询时，需要到社会上相关行业企业或

个人收集相关数据。

评价土地资源社会价值时，除了用到以上实物量中涉及的各类型土地面积外，还需要旅游管理部门提供的试点地区"旅游总收入"指标数据，以及运用由统计部门提供的试点地区"常住人口""城镇化率"和"贵州省城镇居民人均可支配收入""贵州省农村人均纯收入"数据。

三　土地资源资产负债表的相关指标评估办法

（一）土地资源资产实物量核算

土地是一切社会和经济活动的载体，因此，要核算土地资源资产负债价值量，首先，要明确核算期间各种类型土地资源实物量变化的原因和方向，因此，实物量的核算利用土地资源资产实务量账户及其变更矩阵（见表6-4）来完成，具体内容见附录一。实物量核算中所采用的指标体系及指标说明见表4。

表4　　　　　土地利用现状分类指标体系及指标说明

一级类		二级类		含义	三大类
类别名称	类别代码	类别名称	类别代码		
耕地	01			指种植农作物的土地，包括熟地、新开发、复垦、整理地，休闲地（轮歇地、轮作地）；以种植农作物（含蔬菜）为主，间有零星果树、桑树或其他树木的土地；平均每年能保证收获一季的已垦滩地和海涂。耕地中还包括南方宽度<1.0米、北方宽度<2.0米固定的沟、渠、路和地坎（埂）；临时种植药材、草皮、花卉、苗木等的耕地，以及其他临时改变用途的耕地	农用地
		水田	011	指用于种植水稻、莲藕等水生农作物的耕地。包括实行水生、旱生农作物轮种的耕地	
		水浇地	012	指有水源保证和灌溉设施，在一般年景能正常灌溉，种植旱生农作物的耕地。包括种植蔬菜等的非工厂化的大棚用地	
		旱地	013	指无灌溉设施，主要靠天然降水种植旱生农作物的耕地。包括没有灌溉设施，仅靠引洪淤灌的耕地	

续表

一级类		二级类		含义	三大类
类别名称	类别代码	类别名称	类别代码		
园地	02			指种植以采集果、叶、根、茎、枝、汁等为主的集约经营的多年生木本和草本作物，覆盖度大于50%或每亩株数大于合理株数70%的土地。包括用于育苗的土地	农用地
		果园	021	指种植果树的园地	
		茶园	022	指种植茶树的园地	
		其他园地	023	指种植桑树、橡胶、可可、咖啡、油棕、胡椒、药材等其他多年生作物的园地	
林地	03			指生长乔木、竹类、灌木的土地，及沿海生长红树林的土地。包括迹地，不包括居民点内部的绿化林木用地，以及铁路、公路、征地范围内的林木，以及河流、沟渠的护堤林	
		有林地	031	指树木郁闭度≥0.2的乔木林地，包括红树林地和竹林地	
		灌木林地	032	指灌木覆盖度≥40%的林地	
		其他林地	033	包括疏林地（指0.1≤树木郁闭度<0.2的林地）、未成林地、迹地、苗圃等林地	
草地	04			指生长草本植物为主的土地	
		天然牧草地	041	指以天然草本植物为主，用于放牧或割草的草地	
		人工牧草地	042	指人工种牧草的草地	
		其他草地	043	指树林郁闭度<0.1，表层为土质，生长草本植物为主，不用于畜牧业的草地	未利用地

续表

一级类		二级类		含义	三大类
类别名称	类别代码	类别名称	类别代码		
城镇村及工矿用地	20			指城乡居民点、独立居民点以及居民点以外的工矿、国防、名胜古迹等企事业单位用地。包括其内部交通、绿化用地	建设用地
		城市	201	指城市居民点，以及与城市连片的和区政府、县级市政府所在地镇级辖区内的商服、住宅、工业、仓储、机关、学校等单位用地	
		建制镇	202	指建制镇居民点，以及辖区内的商服、住宅、工业、仓储、学校等企事业单位用地	
		村庄	203	指农村居民点，以及所属的商服、住宅、工矿、工业、仓储、学校等用地	
		采矿用地	204	指采矿、采石、采砂（沙）场，盐田，砖瓦窑等地面生产用地及尾矿堆放地	
		风景名胜及特殊用地	205	指城镇村用地以外用于军事设施、涉外、宗教、监教、殡葬等的土地，以及风景名胜（包括名胜古迹、旅游景点、革命遗址等）景点及管理机构的建筑用地	
交通运输用地	10			指用于运输通行的地面线路、场站等的土地。包括民用机场、港口、码头、地面运输管道和各种道路用地	
		铁路用地	101	指用于铁道线路、轻轨、场站的用地。包括设计内的路堤、路堑、道沟、桥梁、林木等用地	
		公路用地	102	指用于国道、省道、县道和乡道的用地。包括设计内的路堤、路堑、道沟、桥梁、汽车停靠站、林木及直接为其服务的附属用地	
		农村道路	104	指公路用地以外的南方宽度≥1.0米、北方宽度≥2.0米的村间、田间道路（含机耕道）	农用地
		机场用地	105	指用于民用机场的用地	建设用地
		港口码头用地	106	指用于人工修建的客运、货运、捕捞及工作船舶停靠的场所及其附属建筑物的用地，不包括常水位以下部分	
		管道运输用地	107	指用于运输煤炭、石油、天然气等管道及其相应附属设施的地上部分用地	

续表

一级类 类别名称	一级类 类别代码	二级类 类别名称	二级类 类别代码	含义	三大类
水域及水利设施用地	11			指陆地水域，海涂、沟渠、水工建筑物等用地。不包括滞洪区和已垦滩涂中的耕地、园地、林地、居民点、道路等用地	
		河流水面	111	指天然形成或人工开挖河流常水位岸线之间的水面，不包括被堤坝拦截后形成的水库水面	未利用地
		湖泊水面	112	指天然形成的积水区常水位岸线所围成的水面	
		水库水面	113	指人工拦截汇积而成的总库容≥10万立方米的水库正常蓄水位岸线所围成的水面	建设用地
		坑塘水面	114	指人工开挖或天然形成的蓄水量<10万立方米的坑塘常水位岸线所围成的水面	农用地
		沿海滩涂	115	指沿海大潮高潮位与低潮位之间的潮侵地带。包括海岛的沿海滩涂，不包括已利用的滩涂	未利用地
		内陆滩涂	116	指河流、湖泊常水位至洪水位间的滩地；时令湖、河洪水位以下的滩地；水库、坑塘的正常蓄水位与洪水位间的滩地。包括海岛的内陆滩地，不包括已利用的滩地	
		沟渠	117	指人工修建，南方宽度≥1.0米、北方宽度≥2.0米用于引、排、灌的渠道，包括渠槽、渠堤、取土坑、护堤林	农用地
		水工建筑用地	118	指人工修建的闸、坝、堤路林、水电厂房、扬水站等常水位岸线以上的建筑物用地	建设用地
		冰川及永久积雪	119	指表层被冰雪常年覆盖的土地	未利用地
其他土地	12			指上述地类以外的其他类型的土地	
		设施农业用地	122	指直接用于经营性养殖的畜禽舍、工厂化作物栽培或水产养殖的生产设施用地及其相应附属用地，农村宅基地以外的晾晒场等农业设施用地	农用地
		田坎	123	主要指耕地中南方宽度≥1.0米、北方宽度≥2.0米的地坎	

续表

一级类		二级类		含义	三大类
类别名称	类别代码	类别名称	类别代码		
其他土地	12	盐碱地	124	指表层盐碱聚集，生长天然耐盐植物的土地	未利用地
		沼泽地	125	指经常积水或渍水，一般生长沼生、湿生植物的土地	
		沙地	126	指表层为沙覆盖、基本无植被的土地。不包括滩涂中的沙漠	
		裸地	127	指表层为土质，基本无植被覆盖的土地；或表层为岩石、石砾，其覆盖面积≥70%的土地	

注：《土地利用现状分类指标体系》为2007年颁布的国家标准土地分类指标体系。

(二) 土地资源资产经济价值核算

由于本课题核算土地资源资产所采用的指标体系为2007年国家颁布实施的《土地利用现状分类指标体系》，包括的土地类型非常多，因此本方案中核算土地资源资产经济价值采用《城镇土地估价规程》（以下简称《规程》）的土地价格评估方法，此处分方法论述各类土地资源类型的经济价值核算。

1. 基准地价修正法

目前具有基准地价的土地资源类型包括"城镇村及工矿用地"一级类下的"城市建成区"和"建制镇"二级类的土地面积，这些类型土地资源经济价值的评估工作在我国相对比较成熟，已经形成了基准地价体系，土地资源资产的核算可以采用《规程》中规定的基准地价修正系数法，运用城市的基准地价体系核算出试点地区中各种土地类型的资产价值量。利用级别或区域基准地价评估土地地价时，基准地价系数修正法是通过利用待估土地（以宗地为单元）宗地地价修正系数，对各城镇已公布的同类用途同级或同一区域土地基准地价进行修正，估算待估土地客观价格的方法。其基本公式如下：

$$W = \sum (V_i \times K_i) \tag{1}$$

式（1）中：W 为土地价格；V_i 为某一用途土地在某一土地级别上的基准地价；K_i 为土地使用年期修正系数。

（具有基准地价的建设用地价值核算表见附表中表 2-1）

指标系数：土地使用年期修正系数

不同交易时间的样点地价，只有修正到评估基准日时地价，才能用于地价评估。年期修正系数的确定以年为单位，区别不同土地用途，计算地价年度之间的平均上涨或下降幅度。在建立地价指数系统的城市，可用地价指数计算。

计算公式为：

$$K_{ij} = P_{ij}/P_{is} \qquad (2)$$

式（2）中：K_{ij} 为某类土地用途基准地价评估年修正到第 j 年的系数；P_{is} 为某类土地用途基准地价评估年土地交易平均价（或地价指数）；P_{ij} 为某类土地用途第 j 年土地交易平均价（或地价指数）。

（土地使用年期修正系数计算表见附表中表 2-2）

2. 征地区片价（征地统一年产值标准）修正法

征地是农村集体土地所有权向国家所有权转变的过程，征地补偿可以认为农村集体所有土地的经济价值实现，因此对于测算了"征地区片价"的地区，采用修正后的"征地区片价"作为相关土地类型土地资源价格计算依据，在此基础上核算出这些土地资源资产的经济价值。

其基本公式如下：

地价 = 征地区片价 + 开垦费 + 新增费 + 社保费 + 耕作层剥离费

$$(3)$$

[具有征地区片价（征地统一年产值标准）土地资产价值核算表见附表中表 2-3]

3. 成本核算法

对于交通设施用地、风景名胜及特殊用地、水库水面、水工建筑用地等类型基础设施用地资产，采用成本法进行核算。

(1) 成本法公式

新开发土地地价 = 土地取得费 + 土地开发费 + 利息 + 利润 +

土地增值收益

= 成本价格 + 土地增值收益　　　　　(4)

已开发土地地价 = 土地重新开发成本(开发原价) - 减价修正

(5)

(2) 成本法的估价步骤

ⅰ. 判断待估土地是否适用成本法；

ⅱ. 搜集与估价有关的成本费用、利息、利润及所有权收益等资料；

ⅲ. 通过直接或间接方式求取待估土地的土地取得费、土地开发费及相关的利息、利润；

ⅳ. 确定国家作为土地所有者对待估土地所享有的土地增值收益；

ⅴ. 按地价公式求取待估土地的土地价格；

ⅵ. 确定已开发土地的减价修正因素，确定待估土地的最终地价。

(3) 确定土地取得费

ⅰ. 土地取得费是指用地单位为取得土地使用权而与土地所有权人和原土地使用权人发生的包括有关税费在内的各项费用。主要表现为取得农村集体土地而发生的征地费用，或是为取得城市国有土地而发生的拆迁安置费用。

ⅱ. 征地费用是指国家征用集体土地而支付给农村集体经济组织的费用，包括土地补偿费、地上附着物和青苗补偿费，以及安置补助费等。具体包括如下各项：

土地补偿费；

安置补助费：按需要安置的农业人口数计算；

地上附着物和青苗补偿费：包括农田基础设施、树木、地上当季农作物、迁坟等的补偿；

农村房屋拆迁安置补偿费；

占用耕地的耕地占用税；

占用耕地的耕地开垦费；

占用菜地的新菜地建设基金；

征地管理费；

政府规定的其他有关税费。

ⅲ. 城镇拆迁安置费用是指用地单位为取得城镇国有土地使用权而与原土地使用权人发生的包括有关税费在内的拆迁补偿的各项费用。主要包括拆除房屋及构筑物的补偿费及拆迁安置补助费。具体包括如下各项：

被拆除房屋及附属物补偿费；

购建拆迁安置用房费；

安置补助费，包括被拆迁人搬家补助费、提前搬家奖励费、临时安置补助费、临时周转交通补助费、迁往远郊区县安置补助费、一次性异地安置补助费等；

被拆迁单位和个体工商户停产、停业期间损失补助费；

房屋拆迁管理费和房屋拆迁服务费；

政府规定的其他有关税费。

（4）确定土地开发费

土地开发费是为使土地达到一定的开发建设条件而投入的包括有关税费在内的各项费用。主要包括宗地内外的土地开发费用。宗地红线外的土地开发费用主要指基础设施配套费用、公共事业建设配套费用和小区开发费用；宗地红线内的土地开发费用主要指土地平整及宗地内的基础设施配套费用。土地开发费用计算的关键是如何根据估价目的判断政府和土地使用者的投资部分，并怎样计入地价。

（5）确定土地开发利息

利息是对土地投资资金的时间价值考虑。土地的取得费用和开发费用均应根据其投资的特点和所经历的时间计算利息，利息率可根据同期银行存贷款利率来综合确定。

(6) 确定土地开发利润

利润是对土地投资的回报，是土地取得费用和开发费用在合理的投资回报率（利润率）下应得的经济报酬。利润率参考房地产行业同期平均利润率来确定。

(7) 确定土地增值收益

土地增值收益是指国家作为土地的所有权人在出让土地使用权时向用地单位收取的经济报酬，它是绝对地租的资本化。当土地在土地使用者之间转移时，则称为土地增值收益，是因投资而产生的级差地租的资本化。土地增值收益率或增值率取决于市场价格与成本价格的差异对成本价格的比率。

(8) 使用成本法时应注意的问题

ⅰ. 在使用成本法进行评估时，要注意待估宗地在估价时点的状况，以便于准确确定其价格构成，以及进行减价修正。

ⅱ. 成本法求取以出让方式取得的土地使用权价格时，应注意土地的剩余使用年限，并注意进行年期修正。其年期修正公式为：

$$P = P' \times (1+r)^{n-m}/(1+r)^n \tag{6}$$

式（6）中：

P 为经年期修正后的土地价格；P' 为未经年期修正的土地价格；r 为土地资本化率；n 为土地使用权的法定最高使用年限；m 为经有偿出让后，土地的已使用年限。

ⅲ. 具体估价时，待估宗地的土地取得费和土地开发费的构成内容可能会与第ⅲ条、第ⅳ条规定的内容有所不同，估价师应根据待估宗地的实际情况确定合理的计费内容和计费标准，并应在估价报告中列明土地取得费和土地开发费的明细项目。

ⅳ. 具体估价时，要注意确定合理的利息率和利润率，由于估价目的的不同，或估价时点的差异，利息率和利润率的取值可能会差别很大。

ⅴ. 城市新开发土地和旧城改造用地可考虑采用成本法进行估价，一般不需考虑扣除折旧和进行年期修正，但应考虑城市规划和周围环境等区域因素对其造成的影响,并给予适当的区位修正。

(9) 成本法的适用范围

成本法一般适用于新开发土地的价格评估,特别适用于土地市场狭小,土地成交实例不多,无法利用市场比较法进行估价时采用。同时,对于既无收益又很少有交易情况的学校、公园等公共建筑、公益设施等具特殊性的土地估价项目也比较适用。

(成本法土地资源资产价值核算表见附表中表2-4)

(土地资源资产价值核算表见附表中表2-5)

(三) 土地资源负债价值核算法

土地资源负债的产生主要来源于应该进行而尚未进行的土地污染治理、农业土壤肥力改良、土地生态环境修复(水土保持措施、矿山土地整治或灾害土地整治等)、土地整治或违法建设用地治理等土地利用活动,负债主要来源于应该实施而尚未实施的土地面积,即未来应该投入资金实施的土地利用项目。

(土地资源负债价值核算表见附表中表3-1)

四 土地资源生态价值核算法

对于土地资源生态价值的核算,目前国际上并没有探索出一种能够纳入国民经济核算中的公认方法,但是对各种类型土地资源的生态价值评价方法的探索却有不少。本课题中核算土地资源生态价值采用土地生态系统服务计算模型,旨在能够全面核算不同土地类型的多方面的生态价值。

土地生态系统服务是指通过土地生态系统的结构、过程和功能直接或间接得到的生命支持产品和服务,是人类生存和发展的物质基础和基本条件,是人类所拥有的关键自然资本。土地利用与人类活动关系密切,土地利用变化是人类活动与自然生态环境相互作用的集中体现,其变化过程对维持土地生态系统服务功能起着至关重要的作用。本课题基于以上理论,核算由于土地利用而引起的生态价值的变化。根据 Costanza 等、谢高地等的研究成果,并借鉴国土资源部土地整治中心土地整治重点实验室对"贵州省土地利用及其土地生态系统服务价值"的研究成果，考虑到与土地资源调查数据的衔接，从气体调节、气候调节、水源涵养、土壤形成与保护、废物处理和生物多样性保护六方面核算土地资源生态价值。土地资源生态价值核算指标体系与土地利用现状分类指标（2007国家标准）对应关系如表5所示。

表5 土地资源生态价值核算指标体系

土地利用类型	生态服务功能				
	气体调节	气候调节	水源涵养	土壤形成与保护	废物处理	生物多样性保护
耕地	水田、水浇地、旱地、沟渠、设施农业用地、田坎					
园地	果园、茶园、其他园地					
林地	有林地、灌木林地、其他林地					
草地	天然牧草地、人工牧草地					
建设用地	城市、建制镇、村庄、采矿用地、风景名胜及特殊用地、铁路用地、公路用地、农村道路、机场用地、港口码头用地、管道运输用地、水工建筑用地					
水域	河流水面、湖泊水面、水库水面、坑塘水面、冰川及永久积雪					
未利用地	其他草地、沿海滩涂、内陆滩涂、盐碱地、沼泽地、沙地、裸地					

注："土地利用类型"对应每行是该种类型包含的国家标准《土地利用现状分类指标体系》中的二级类的总和，在核算中可以利用以上逻辑关系得出土地资源生态价值核算指标体系中各种土地利用类型的面积数据。

土地生态系统服务价值的计算模型为：

$$ESV = \sum A_i \times C_i \quad (7)$$

式（7）中：ESV指研究区土地生态系统服务总价值（元）；A_i指研究区内第i种土地利用类型的分布面积（公顷）；C_i指第i种土地利用类型的单位面积生态价值系数（元/公顷·年）；i指研究区土地利用类型。

（一）气体调节

耕地、园地、林地和草地等土地利用类型具有降解污染物和清洁环境显著效应，许多土地利用类型通过土地生态系统能吸收、过滤、阻隔和分解空气中的有害气体（如 SO_2 等），也能吸附黏着一部分粉尘，从而起到净化大气的功能，通过吸收大气中的化学物质，影响空气质量的很多方面。

（土地资源气体调节生态价值的核算如附表中表 5-1）

（二）气候调节

土地生态系统影响区域和全球气候。例如，在区域尺度，土地覆盖的变化能够影响温度和降水。在全球尺度，土地生态系统通过固存或排放温室气体对气候产生重要影响。而很多土地生态系统通过植物的光合作用和呼吸作用与大气进行氧气和二氧化碳交换，释放氧气，同时固定大气中的二氧化碳，对维持地球大气动态平衡，减缓温室效应有重要的作用。

（土地资源气候调节生态价值的核算如附表中表 5-2）

（三）水源涵养

水源涵养是土地生态系统的一个重要功能，主要表现在植被具有大量的活地被物以及大量枯枝落叶形成的有机质层，能保持和涵养大量的水分，并能提高水分渗入土壤的速度。同时，地表植被对垂直降水起了重新分配的作用，改变降水的流量、流速和分布。土地覆盖的变化，如湿地、森林转化为农田或农田转化为城市，影响径流、洪水的时间和规模，以及地下含水层的补充，特别是生态系统蓄水能力的改变。

（土地资源水源涵养生态价值的核算如附表中表 5-3）

（四）土壤形成与保护

土地生态系统的土壤保持功能是通过以下三个方面来实现的：一是植被对降水的截留，减弱雨滴对地表的直接冲击和冲刷，延缓地表径流，减少降水对土壤的侵蚀；二是植被土壤含有一定量的腐殖质具有较强的透水性和蓄水性，可以减少径流量及流速，从而减少土壤流失；三是植被根系像网一样纵横交错，对土壤的有较强的固结作用，这使土地生态系统在土壤保持和防治滑坡方面起到重要作用。

（土地资源土壤形成与保护生态价值的核算如附表中表 5-4）

（五）废物处理

土地生态系统通过物质和能量循环达到废物处理的效果。例如，人畜粪便、生活垃圾等在经过简单处理后作为有机肥料施入土壤，既减少了处理畜禽粪便的成本，同时也对土地生态系统起到了消纳废弃物的功能。

（土地资源废物处理生态价值的核算如附表中表 5-5）

（六）生物多样性保护

"生物多样性"是生物（动物、植物、微生物）与环境形成的生态复合体以及与此相关的各种生态过程的总和，包括生态系统、物种和基因三个层次（生物种类的多样性实际上就是生物基因的多样性）。不同类型的土地生态系统通过维护良好的物质和能量循环来维持其自身功能，从而保护生态系统中的物种和基因不消失和灭绝。

（土地资源生物多样性保护生态价值的核算如附表中表 5-6）

（土地资源生态价值核算总表如附表中表 5-7）

五　土地资源社会价值核算法

对土地资源社会价值范围的界定，由于包含所有人类活动，因此，广义上内容十分广泛。而土地提供人类"衣食住行"各方面均可由经济价值进行核算，因此土地资源社会价值可以认为是提供给人类旅游休憩的价值和提供社会保障的价值，可以通过旅游总收入和常住人口平均收入来替代其价值。

表 5　　　　土地资源资产社会价值核算指标体系

一级指标	二级指标
社会价值	旅游休憩
	社会保障

(一) 旅游休憩

综合国内外文献，对游憩价值的评估主要采用条件价值法、旅行费用法。条件价值法和旅行费用法都需要设计和发放较大样本量的调查问卷，需要耗费大量的人力财力，不适合大规模资产的价值评估。因此，本方案选用旅游收入法进行评估，即将地区年旅游总收入作为旅游休憩价值，考虑到森林资源和水资源的游憩价值，将土地资源游憩价值按照旅游总收入的10%核算。

（土地资源旅游休憩社会价值的核算如附表中表6-1）

(二) 社会保障

土地资源提供社会保障的大小，可根据基本收入法估算，即用地区常住人口基本收入（为了全省可比，采用全省平均城乡收入求得）作为土地资源年度提供社会保障的价值。提供的社会保障价值的计算公式为：

$$V_{就业} = W \times N \tag{8}$$

式（8）中：$V_{就业}$为土地资源提供社会保障的价值；W为全省平均城乡收入；N为常住人口数。

（土地资源社会保障社会价值的核算如附表中表6-2）

(三) 土地社会价值汇总

将上述计算出来的旅游休憩价值和提供社会保障价值汇总，编制土地资源社会价值核算总表（附表中表6-3）。

指标解释

1. 一级类和二级类土地利用现状分类指标含义参见附录中表4。
2. 土壤污染防治：土壤污染防治是防止土壤遭受污染和对已污染土壤进行改良、治理的活动。
3. 土地生态环境修复：辅以人工措施，使遭到破坏的土地生态系统逐步恢复或使土地生态系统向良性循环方向发展。贵州省主要的土地生态环境修复包括水土保持措施、矿区整治和灾害整治等。

4. 土地整治：土地整治系指对低效利用、不合理利用、未利用以及生产建设活动和自然灾害损毁的土地进行整治，提高土地利用效率的活动。土地整治包括土地整理、土地复垦和土地开发三方面。土地整理是指采用工程、生物等措施，对田、水、路、林、村进行综合整治，增加有效耕地面积，提高土地质量和利用效率，改善生产、生活条件和生态环境的活动；土地复垦是指采用工程、生物等措施，对在生产建设过程中因挖损、塌陷、压占造成破坏、废弃的土地和自然灾害造成破坏、废弃的土地进行整治，恢复利用的活动；土地开发是指在保护和改善生态环境、防止水土流失和土地荒漠化的前提下，采用工程、生物等措施，将未利用土地资源开发利用的活动。

5. 违法建设用地治理指对未获批准而违法占用的土地建设建筑物加以整改和拆除的行为，包括拆除违法建设物和构筑物及违法建设用地复耕或恢复原状等行为。

6. 土地使用年期修正系数：在土地价格评估中，当估价对象的实际使用年期与评估设定的土地使用年期不一致或要评估某一宗地在不同使用年期的价格时，都要采用土地使用权年期修正系数进行土地使用年期修正。

7. 基准地价评估年平均地价是指基准地价评估年各土地类型的平均地价。

8. 土地取得费是指为取得土地而向原土地使用者支付的费用。

9. 土地开发费是指土地开发部门所进行的土地开发工程投入的资金。

10. 利息是资金的时间价值，即土地取得费、土地开发费等前期投入的利息收入。

11. 土地投资获取的相应利润。

12. 土地增值收益是该区域土地因改变用途或进行土地开发，达到建设利用的某种利用条件而发生的价值增加额。

13. 土地资源负债面积是指应该治理、改良、修复的但却在核算期内没有完成的相应土地类型的面积。

14. 土地污染治理负债是指应该治理而没有治理的土壤污染的面积，通过到环保部门调查获得单位面积投入成本而核算出土壤污染防治负债价值。

15. 农业土壤肥力改良负债是指应该改良而没有改良的农业土壤的面积，通过到农业部门调查获得单位面积投入成本而核算出农业土壤肥力改良负债价值。

16. 土地生态修复负债是指应该修复而没有修复的土地面积，通过到水利部门（水土保持）和国土部门（矿山和灾害）调查获得单位面积投入成本而核算出土地生态修复负债价值。

17. 土地整治负债是指应该整治而没有整治的耕地面积，通过到国土部门调查获得单位面积投入成本而核算出土地整治负债价值。

18. 违法建设治理负债是指应该治理而没有治理的违法建设用地面积，通过到国土部门调查获得单位面积投入成本而核算出违法建设用地整治负债价值。

19. 气体调节：耕地、园地、林地和草地等土地利用类型具有降解污染物和清洁环境显著效应，许多土地利用类型通过土地生态系统能吸收、过滤、阻隔和分解空气中的有害气体（如二氧化硫等），也能吸附黏着一部分粉尘，从而起到净化大气的功能，通过吸收大气中的化学物质，影响空气质量的很多方面。

20. 气候调节：土地生态系统影响区域和全球气候。例如，在区域尺度，土地覆盖的变化能够影响温度和降水。在全球尺度，土地生态系统通过固存或排放温室气体对气候产生重要影响。而很多土地生态系统通过植物的光合作用和呼吸作用与大气进行氧气和二氧化碳交换，释放氧气，同时固定大气中的二氧化碳，对维持地球大气动态平衡，减缓温室效应有重要的作用。

21. 水源涵养：土地生态系统的一个重要功能，主要表现在植被具有大量的活地被物以及大量枯枝落叶形成的有机质层，能保持和涵养大量的水分，并能提高水分渗入土壤的速度。同时，地表植被对垂直降水起了重新分配的作用，改变降水的流量、流速和分布。

22. 土壤形成与保护：土地生态系统的土壤保持功能是通过以下三个方面来实现的：一是植被对降水的截留，减弱雨滴对地表的直接冲击和冲刷，减少和延缓地表径流，减少降水对土壤的侵蚀；二是植被土壤含有一定量的腐殖质具有较强的透水性和蓄水性，可以减少径流量及流速，从而减少土壤流失；三是植被根系像网一样纵横交错，对土壤的有较强的固结作用，这使土地生态系统在土壤保持和防治滑坡方面起到重要作用。

23. 废物处理：土地生态系统通过物质和能量循环达到废物处理的效果。例如，人畜粪便、生活垃圾等在经过简单处理后作为有机肥料施入土壤，既减少了处理畜禽粪便的成本，同时也对土地生态系统起到了消纳废弃物的功能。

24. 生物多样性保护："生物多样性"是生物（动物、植物、微生物）与环境形成的生态复合体以及与此相关的各种生态过程的总和，包括生态系统、物种和基因三个层次（生物种类的多样性实际上就是生物基因的多样性）。不同类型的土地生态系统通过维护良好的物质和能量循环来维持其自身功能，从而保护生态系统中的物种和基因不消失和灭绝。

25. 生态价值系数：指通过比较不同生态系统产生的生态服务的相对贡献大小的潜在能力，折算为1公顷全国平均产量的农田每年自然粮食产量的经济价值，由此转换成当年生态系统服务单价表，即为某种土地类型生态价值系数。

附 表

（一）土地资源实物量核算表

表1-1　　土地资源实物量转移矩阵（土地类型之间转移）

行政代码：
行政单位：

单位：公顷

地类	耕地			园地			林地				草地				城镇村及工矿用地					交通运输用地						水域及水利设施用地								其他土地					合计
	小计	水田	旱地	小计	果园	茶园	其他园地	小计	有林地	灌木林地	其他林地	小计	天然牧草地	人工牧草地	其他草地	小计	城市	建制镇	村庄	采矿用地	风景名胜及特殊用地	小计	铁路用地	公路用地	农村道路	机场用地	港口码头用地	管道运输用地	小计	河流水面	湖泊水面	水库水面	坑塘水面	沿海滩涂	内陆滩涂	水工建筑用地	冰川及永久积雪	小计	设施农用地	盐碱地	沼泽地	沙地	裸地	
地类代码	01	011	012	02	021	022	023	03	031	032	033	04	041	042	043	20	201	202	203	204	205	10	101	102	103	104	105	106	107	11	111	112	113	114	115	116	117	118	119	12	122	123	124	125	126	127
年初面积																																														
年内减少面积																																														
年内增加面积																																														
年末面积																																														

续表

地类	地类代码	耕地 小计 01	水田 011	水浇地 012	旱地 013	园地 小计 02	果园 021	茶园 022	其他园地 023	林地 小计 03	有林地 031	灌木林地 032	其他林地 033	草地 小计 04	天然牧草地 041	人工牧草地 042	其他草地 043	城镇村及工矿用地 小计 20	城市 201	建制镇 202	村庄 203	采矿用地 204	风景名胜及特殊用地 205	交通运输用地 小计 10	铁路用地 101	公路用地 102	农村道路 103	机场用地 104	港口码头用地 105	管道运输用地 106	水域及水利设施用地 小计 11	河流水面 111	湖泊水面 112	水库水面 113	坑塘水面 114	沿海滩涂 115	内陆滩涂 116	沟渠 117	水工建筑用地 118	冰川及永久积雪 119	其他土地 小计 12	设施农用地 122	田坎 123	盐碱地 124	沼泽地 125	沙地 126	裸地 127	合计
耕地	小计 01																																																
	水田 011																																															
	水浇地 012																																															
	旱地 013																																															
园地	小计 02																																															
	果园 021																																															
	茶园 022																																															
	其他园地 023																																															
林地	小计 03																																															
	有林地 031																																															
	灌木林地 032																																															
	其他林地 033																																															
草地	小计 04																																															
	天然牧草地 041																																															

续表

地类	耕地			园地			林地			草地				城镇村及工矿用地				风景名胜及特殊用地	交通运输用地						水域及水利设施用地								其他土地				合计
	小计	水田	旱地	小计	果园	茶园 其他园地	小计	有林地	灌木林地 其他林地	小计	天然牧草地	人工牧草地	其他草地	小计	城市	建制镇	村庄	采矿用地		小计	铁路用地	公路用地	农村道路	机场用地	港口码头用地	管道运输用地	小计	河流水面	湖泊水面	水库水面	坑塘水面	沿海滩涂	内陆滩涂	沟渠	水工建筑用地	冰川及永久积雪	小计	设施农用地	田坎	盐碱地	沼泽地	沙地	裸地	
地类代码	01	011	012 013	02	021	022 023	03	031	032 033	04	041	042	043	20	201	202	203	204	205	10	101	102	103	104	105	106	107	111	112	113	114	115	116	117	118	119	12	122	123	124	125	126	127
草地	人工牧草地 042																																											
	其他草地 043																																											
城镇村及工矿用地	小计 20																																											
	城市 201																																											
	建制镇 202																																											
	村庄 203																																											
	采矿用地 204																																											
	风景名胜及特殊用地 205																																											
交通运输用地	小计 10																																											
	铁路用地 101																																											
	公路用地 102																																											

续表

地类	耕地			园地			林地			草地				城镇村及工矿用地				交通运输用地						水域及水利设施用地								其他土地			合计
	小计	水田	水浇地	旱地	小计	果园	茶园	其他园地	小计	有林地	灌木林地	其他林地	小计	天然牧草地	人工牧草地	其他草地	小计	城市	建制镇	村庄	采矿用地	风景名胜及特殊用地	小计	铁路用地	公路用地	农村道路	机场用地	港口码头用地	管道运输用地	小计	河流水面	湖泊水面	水库水面	坑塘水面	沿海滩涂	内陆滩涂	沟渠	水工建筑用地	冰川及永久积雪	小计	设施农用地	田坎	盐碱地	沼泽地	沙地	裸地	
地类代码	01	011	012	013	02	021	022	023	03	031	032	033	04	041	042	043	20	201	202	203	204	205	10	101	102	104	105	106	107	11	111	112	113	114	115	116	117	118	119	12	122	123	124	125	126	127	
农村道路 104																																																
机场用地 105																																																
港口码头用地 106																																																
管道运输用地 107																																																
水域及水利设施用地 小计 11																																																
河流水面 111																																																
湖泊水面 112																																																
水库水面 113																																																
坑塘水面 114																																																
沿海滩涂 115																																																

续表

	地类		耕地			园地				林地				草地					城镇村及工矿用地						交通运输用地							水域及水利设施用地									其他土地					合计
			小计	水田	水浇地	旱地	小计	果园	茶园	其他园地	小计	有林地	灌木林地	其他林地	小计	天然牧草地	人工牧草地	其他草地	小计	城市	建制镇	村庄	采矿用地	风景名胜及特殊用地	小计	铁路用地	公路用地	农村道路	机场用地	港口码头用地	管道运输用地	小计	河流水面	湖泊水面	水库水面	坑塘水面	沿海滩涂	内陆滩涂	沟渠	水工建筑用地	冰川及永久积雪	小计	设施农用地	田坎	盐碱地	沼泽地	沙地	裸地	
	地类代码		01	011	012	013	02	021	022	023	03	031	032	033	04	041	042	043	20	201	202	203	204	205	10	101	102	104	105	106	107	11	111	112	113	114	115	116	117	118	119	12	122	123	124	125	126	127	
水域及水利设施用地	内陆滩涂	116																																															
	沟渠	117																																															
	水工建筑用地	118																																															
	冰川及永久积雪	119																																															
	小计	12																																															
其他土地	设施农用地	122																																															
	田坎	123																																															
	盐碱地	124																																															
	沼泽地	125																																															
	沙地	126																																															
	裸地	127																																															

指标说明：
1. 请依据"土地利用现状变更表"填制表1—1。

(二) 土地资源资产价值量核算表

表 2-1　　　　具有基准地价的建设用地价值核算表

编制单位：

核算年度：　　　　　　　　　　　　　　　　单位：公顷，元/平方米，万元

土地类型		面积 L	××年的基准地价 V_i	土地使用年期修正系数 K_i	土地价格 $V_i \times K_i$	土地价值 $L \times V_i \times K_i$
城市 201	商服用地 1					
	工业用地 2					
	住宅用地 3					
	综合用地 4					
建制镇 202	商服用地 5					
	工业用地 6					
	住宅用地 7					
	综合用地 8					

指标说明：

1. ××年是指试点地区目前最新的基准地价更新年度；
2. 土地类型的"面积"由《土地利用现状变更调查》和《城镇地籍变更调查》数据获得；
3. K_i 参照表 2-2 计算获得；
4. V_i 数据来源于各试点单位最新城镇基准地价数据（各土地类型基准地价为各级别地价基于各自土地面积的加权平均值）；
5. 工业用地面积中包含位于同级别土地上的"采矿用地"。

表 2-2　　　　土地使用年期修正系数计算表

编制单位：

核算年度：　　　　　　　　　　　　　　　　　　　　单位：元/平方米

土地类型	基准地价评估年度平均地价 P_{is}	核算年度平均地价 P_{ij}	2012 土地使用年期修正系数 P_{ij}/P_{is}
商服用地 1			
工业用地 2			
住宅用地 3			
综合用地 4			

指标说明：

1. P_{is} 由《城镇基准地价（更新）》数据获得；
2. P_{ij} 通过"各年期土地招拍挂出让台账"数据和市场调查获得。

表 2-3　　具有征地区片价的土地价值核算表

编制单位：

核算年度：　　　　　　　单位：公顷，万元/亩，元/平方米，万元

土地类型	面积 L	征地区片价（征地统一年产值补偿标准）V_i	开垦费标准	新增费标准	社保费标准	耕作层剥离费标准	土地价格	土地价值
耕地 01								
园地 02								
林地 03								
草地 041+042								
建设用地（村庄）203								
其他农用地 104+114+117+122+123								
未利用地 043+111+112+115+116+119+124+125+126+127								

指标说明：

1. 耕地、园地和林地对应《土地利用现状变更调查》中的"耕地 01""园地 02"和"林地 03"面积；

2. 建设用地为《土地利用现状变更调查》中的"村庄 203"面积；

3. 其他农用地包括《土地利用现状变更调查》中的"农村道路 104""坑塘水面 114""沟渠 117""设施农业用地 122"和"田坎 123"的面积之和；

4. 未利用地包括《土地利用现状变更调查》中的"其他草地 043""河流水面 111""湖泊水面 112""沿海滩涂 115""内陆滩涂 116""冰川及永久积雪 119""盐碱地 124""沼泽地 125""沙地 126"和"裸地 127"的面积之和；

5. 各土地类型征地区片价为试点地区各区片地价基于各自土地面积的加权平均值。

表 2-4　　　　　　　成本法土地资源资产价值核算表

编制单位：

核算年度：　　　　　　　　　　　　　　　单位：公顷，元/平方米，万元

土地类型	面积 L	土地取得费 I	土地开发费 II	利息 III	利润 IV	土地增值收益 V	土地价格 P = I + II + III + IV + V	土地价值 P×L
铁路用地 101								
公路用地 102								
机场用地 105								
港口码头用地 106								
管道用地 107								
风景名胜及特殊用地 088								
水库水面 113								
水工建筑用地 118								

指标说明：

1. 土地取得费包括征地补偿费、开垦费、新增费、社保费、耕作层剥离费和土地出让金（出让用地）等成本费用构成；

2. 土地开发费为各类型用地基础设施配套费用、公共事业建设配套费用和建筑开发建设费用等。

表 2-5　　　　　　　土地资源资产价值核算表（总表）

编制单位：

核算年度：　　　　　　　　　　　　　　　单位：公顷，万元

土地类型		期初存量 A		期末存量 B		期内减少量 C		期内增加量 D		土地价格 E
		实物量 A1	价值量 A2	实物量 B1	价值量 B2	实物量 C1	价值量 C2	实物量 D1	价值量 D2	
耕地 01	水田 011									
	水浇地 012									
	旱地 013									

续表

土地类型		期初存量 A		期末存量 B		期内减少量 C		期内增加量 D		土地价格 E
		实物量 A1	价值量 A2	实物量 B1	价值量 B2	实物量 C1	价值量 C2	实物量 D1	价值量 D2	
园地 02	果园 021									
	茶园 022									
	其他园地 023									
林地 03	有林地 031									
	灌木林地 032									
	其他林地 033									
草地 04	天然牧草地 041									
	人工牧草地 042									
	其他草地 043									
城镇村及工矿用地 20	城市 201									
	建制镇 202									
	村庄 203									
	采矿用地 204									
	风景名胜及特殊用地 205									

续表

土地类型		期初存量 A		期末存量 B		期内减少量 C		期内增加量 D		土地价格 E
		实物量 A1	价值量 A2	实物量 B1	价值量 B2	实物量 C1	价值量 C2	实物量 D1	价值量 D2	
交通运输用地 10	铁路用地 101									
	公路用地 102									
	农村道路 104									
	机场用地 105									
	港口码头用地 106									
	管道运输用地 107									
水域及水利设施用地 11	河流水面 111									
	湖泊水面 112									
	水库水面 113									
	坑塘水面 114									
	沿海滩涂 115									

续表

土地类型		期初存量 A		期末存量 B		期内减少量 C		期内增加量 D		土地价格 E
		实物量 A1	价值量 A2	实物量 B1	价值量 B2	实物量 C1	价值量 C2	实物量 D1	价值量 D2	
水域及水利设施用地 11	内陆滩涂 116									
	沟渠 117									
	水工建筑用地 118									
	冰川及永久积雪 119									
其他用地 12	设施农业用地 122									
	田坎 123									
	盐碱地 124									
	沼泽地 125									
	沙地 126									
	裸地 127									

指标说明：

1. 期末存量 = 期初存量 + 期内增加量 - 期内减少量；B1 = A1 + D1 - C1；B2 = A2 + D2 - C2；

2. A1、B1、C1、D1 数据来源于表 1-1；

3. A2、B2、C2、D2 数据依据表 2-1、表 2-3、表 2-4 和表 2-5 计算出的相应土地类型的土地价格（E）分别乘以 A1、B1、C1、D1 求得；A2 = A1 × E；B2 = B1 × E；C2 = C1 × E；D2 = D1 × E。

（三）土地资源负债价值量核算表

表 3-1　　　　　　　　土地资源负债价值核算表

编制单位：

核算年度：　　　　　　　　　　　　　单位：公顷，元/平方米，万元

土地利用负债项目	土地资源负债期初存量 A		本期增加负债面积 B		本期减少负债面积 C		土地资源负债期末存量面积 D		单位面积投入 E
	实物量 A1	价值量 A2	实物量 B1	价值量 B2	实物量 C1	价值量 C2	实物量 D1	价值量 D2	
1. 土壤污染防治负债									
2. 农业土壤肥力改良负债									
3. 土地生态环境修复负债　31. 水土保持负债									
32. 矿山整治负债									
33. 灾害整治负债									
4. 土地整治负债									
5. 违法建设用地治理负债									

指标说明：

1. $D = A + B - C$；$D1 = A1 + B1 - C1$；$D2 = A2 + B2 - C2$；

2. 价值量 = 实物量 × 单位面积投入；$A2 = A1 \times E$；$B2 = B1 \times E$；$C2 = C1 \times E$；$D2 = D1 \times E$。

（四）土地资源资产负债表总表

表 4-1　　　　　土地资源资产负债表（实物量表）

编制单位：
核算年度：　　　　　　　　　　　　　　　　　　　　单位：公顷

资产					负债及净资产				
项目	期初存量A	本期增加量B	本期减少量C	期末存量D	项目	期初存量E	本期增加量F	本期减少量G	期末存量H
	面积					面积			
1. 耕地					10. 土壤污染防治负债				
2. 园地					11. 农业土壤肥力改良负债				
3. 林地					12. 土地生态环境修复负债				
4. 草地					13. 土地整治负债				
5. 城镇及工矿用地					14. 违法建设用地治理负债				
6. 交通运输用地					15. 负债合计				
7. 水域及水利设施用地					16. 净资产				
8. 其他用地									
9. 资产合计					17. 负债及净资产合计				

指标说明：

1. 本表的资产方根据表 2-6 的实物量数据填列；
2. 本表的负债方根据表 3-1 的实物量数据填列；
3. 期末存量 = 期初存量 + 本期增加量 − 本期减少量；$D = A + B - C$；$H = E + F - G$；
4. $16 = 9 - 15$；$9 = 17$。

表4-2　　土地资源资产负债表（价值量表）

编制单位：

核算年度：　　　　　　　　　　　　　　　　　　　　　　　　　单位：万元

资产				负债及净资产			
项目	期初价值量A	本期变化量B	期末价值量C	项目	期初价值量D	本期变化量E	期末价值量F
1. 土地资源经济价值				5. 土壤污染防治负债			
2. 土地资源生态价值				6. 农业土壤肥力改良负债			
3. 土地资源社会价值				7. 土地生态环境修复负债			
				8. 土地整治负债			
				9. 违法建设用地治理负债			
				10. 负债合计			
				11. 净资产			
4. 资产合计				12. 负债及净资产合计			

指标说明：

1. 本表的资产方根据表2-6、表5-7和表6-3的价值量数据填列；

2. 本表的负债方根据表3-1的价值量数据填列；

3. 资产（负债）的期末价值量 = 资产（负债）期初价值量 + 本期变化资产（负债）；

4. 净资产 = 资产 - 负债；11 = 4 - 10；12 = 4。

（五）土地资源生态价值核算表

表5-1　　土地资源气体调节生态价值核算表

编制单位：

核算年度：　　　　　　　　　　　　　　　单位：公顷，元/平方米·年，万元

土地利用类型	期初土地面积A	期末土地面积B	气体调节生态价值系数C	期初气体调节生态价值D	期末气体调节生态价值E
1. 耕地					
2. 园地					
3. 林地					

续表

土地利用类型	期初土地面积 A	期末土地面积 B	气体调节生态价值系数 C	期初气体调节生态价值 D	期末气体调节生态价值 E
4. 草地					
5. 建设用地					
6. 水域					
7. 未利用地					
8. 合计					

指标说明：

1. 土地利用类型的"土地面积"依据表3中逻辑关系来源于《土地利用现状变更调查》数据；

2. "气体调节生态价值系数"取值见文后"参数说明"；

3. $D = A \times C$；$E = B \times C$；

4. 由于另外对森林资源和水资源生态价值予以核算，因此本部分黑色部分不用核算。

表 5-2　　土地资源气候调节生态价值核算表

编制单位：

核算年度：　　　　　　　　　　　　　单位：公顷，元/公顷·年，万元

土地利用类型	期初土地面积 A	期末土地面积 B	气候调节生态价值系数 C	期初气候调节生态价值 D	期末气候调节生态价值 E
1. 耕地					
2. 园地					
3. 林地					
4. 草地					
5. 建设用地					
6. 水域					
7. 未利用地					
8. 合计					

指标说明：

1. 土地利用类型的"土地面积"依据表3中逻辑关系来源于《土地利用现状变更调查》数据；

2. "气候调节生态价值系数"取值见文后"参数说明"；

3. $D = A \times C$；$E = B \times C$；

4. 由于另外对森林资源和水资源生态价值予以核算，因此本部分黑色部分不用核算。

表 5-3　　　　　土地资源水源涵养生态价值核算表

编制单位：

核算年度：　　　　　　　　　　　　　单位：公顷，元/公顷·年，万元

土地利用类型	期初土地面积 A	期末土地面积 B	水源涵养生态价值系数 C	期初水源涵养生态价值 D	期末水源涵养生态价值 E
1. 耕地					
2. 园地					
3. 林地					
4. 草地					
5. 建设用地					
6. 水域					
7. 未利用地					
8. 合计					

指标说明：

1. 土地利用类型的"土地面积"依据表 3 中逻辑关系来源于《土地利用现状变更调查》数据；

2. "水源涵养生态价值系数"取值见文后"参数说明"；

3. $D = A \times C$；$E = B \times C$；

4. 由于另外对森林资源和水资源生态价值予以核算，因此本部分黑色部分不用核算。

表 5-4　　　　土地资源土壤形成与保护生态价值核算表

编制单位：

核算年度：　　　　　　　　　　　　　单位：公顷，元/公顷·年，万元

土地利用类型	期初土地面积 A	期末土地面积 B	土壤形成与保护生态价值系数 C	期初土壤形成与保护生态价值 D	期末土壤形成与保护生态价值 E
1. 耕地					
2. 园地					
3. 林地					
4. 草地					
5. 建设用地					
6. 水域					

续表

土地利用类型	期初土地面积 A	期末土地面积 B	土壤形成与保护生态价值系数 C	期初土壤形成与保护生态价值 D	期末土壤形成与保护生态价值 E
7. 未利用地					
8. 合计					

指标说明：

1. 土地利用类型的"土地面积"依据表3中逻辑关系来源于《土地利用现状变更调查》数据；

2. "土壤形成与保护生态价值系数"取值见文后"参数说明"；

3. $D = A \times C$；$E = B \times C$；

4. 由于另外对森林资源和水资源生态价值予以核算，因此本部分黑色部分不用核算。

表5-5　土地资源废物处理生态价值核算表

编制单位：

核算年度：　　　　　　　　　　　单位：公顷，元/公顷·年，万元

土地利用类型	期初土地面积 A	期末土地面积 B	废物处理生态价值系数 C	期初废物处理生态价值 D	期末废物处理生态价值 E
1. 耕地					
2. 园地					
3. 林地					
4. 草地					
5. 建设用地					
6. 水域					
7. 未利用地					
8. 合计					

指标说明：

1. 土地利用类型的"土地面积"依据表3中逻辑关系来源于《土地利用现状变更调查》数据；

2. "废物处理生态价值系数"取值见文后"参数说明"；

3. $D = A \times C$；$E = B \times C$；

4. 由于另外对森林资源和水资源生态价值予以核算，因此本部分黑色部分不用核算。

表 5-6　土地资源生物多样性保护生态价值核算表

编制单位：

核算年度：　　　　　　　　　　　　　　单位：公顷，元/公顷·年，万元

土地利用类型	期初土地面积 A	期末土地面积 B	生物多样性保护生态价值系数 C	期初生物多样性保护生态价值 D	期末生物多样性保护生态价值 E
1. 耕地					
2. 园地					
3. 林地					
4. 草地					
5. 建设用地					
6. 水域					
7. 未利用地					
8. 合计					

指标说明：

1. 土地利用类型的"土地面积"依据表 3 中逻辑关系来源于《土地利用现状变更调查》数据；

2. "生物多样性保护生态价值系数"取值见文后"参数说明"；

3. $D = A \times C$；$E = B \times C$；

4. 由于另外对森林资源和水资源生态价值予以核算，因此本部分黑色部分不用核算。

表 5-7　土地资源生态价值核算总表

编制单位：

核算年度：　　　　　　　　　　　　　　　　　　　　　单位：万元

序号	功能类别	期初价值量 A	本期增加价值量 B	本期减少价值量 C	期末价值量 D
1	气体调节				
2	气候调节				
3	水源涵养				
4	土壤形成与保护				
5	废物处理				
6	生物多样性				
7	总生态服务价值				

(六) 土地资源社会价值核算表

表 6-1　　　　　　土地资源旅游休憩价值核算表

编制单位：

核算年度：　　　　　　　　　　　　　　　　单位：人，万元

	参数	旅游总收入	旅游休憩价值
期初存量			
期末存量			

参数说明：土地资源对旅游总收入的贡献按照10%计算。

表 6-2　　　　　　土地资源提供社会保障价值核算表

编制单位：

核算年度：　　　　　　　　　　　　　　　单位：万人，元，%，万元

	全县（市）常住人口	全省城镇人均收入	全省农民人均收入	城镇化率	社会保障价值
期初存量					
期末存量					

表 6-3　　　　　　土地资源社会价值量核算表

编制单位：

核算年度：　　　　　　　　　　　　　　　　单位：万元

序号	评估指标	期初价值量 A	本期变化量 B	期末价值量 C
1	旅游休憩			
2	社会保障			
3	合计			

（七）土地资源资产负债核算指标及数据来源表

表7-1　　土地资源资产负债核算指标及数据来源表

序号	指标	数据来源单位
1	土地面积	国土局
2	土壤污染防治数据	环保局
3	农业土壤肥力改良数据	农业局
4	水土保持数据	水利局
5	矿山整治数据	国土局
6	灾害整治数据	国土局
7	土地开发数据	国土局
8	土地复垦数据	国土局
9	土地整理数据	国土局
10	城镇不同类型土地面积及基准地价数据	国土局
11	基准地价评估年不同类型土地的平均地价数据（出让）	国土局
12	不同类型土地的平均地价数据（出让）	国土局
13	不同类型土地的平均地价数据（出让）	国土局
14	农村不同类型土地面积及征地区片价数据	国土局
15	土地利用现状图	国土局
16	风景名胜建造年限及造价	风景名胜区管理处
17	水库建造年限及造价	水利局
18	水工建筑建造年限及造价	水利局
19	接待旅游人数	旅游局/统计局
20	接待旅游人数	旅游局/统计局
21	旅游综合收入	旅游局/统计局
22	旅游综合收入	旅游局/统计局
23	常住人口数	统计局
24	常住人口数	统计局
25	贵州省城镇居民可支配人均收入	统计局
26	贵州省城镇居民可支配人均收入	统计局
27	贵州省农村居民人均收入	统计局
28	贵州省农村居民人均收入	统计局
29	城镇化率	统计局
30	城镇化率	统计局

注：本表中的指标来源部门均属机构改革之前的归属。

(八) 方案中相关参考系数及说明

表 8-1　不同土地利用类型单位面积生态价值系数

单位：元/公顷·年

生态服务功能	土地利用类型						
	耕地	园地	林地	草地	建设用地	水域	未利用地
气体调节	442.40	1265.50	3097.00	707.90	0.00	0.00	0.00
气候调节	787.50	1170.30	2389.10	796.40	0.00	407.00	0.00
水源涵养	530.90	41.5	2831.50	707.90	0.00	18033.20	26.50
土壤形成与保护	1291.90	1291.90	3450.90	1725.50	0.00	8.80	17.70
废物处理	1451.20	722.10	1159.20	1159.20	0.00	16086.60	8.80
生物多样性保护	628.20	16.60	2884.60	964.50	0.00	2203.30	300.80
总计	5132.10	4507.90	15812.30	6061.40	0.00	36738.90	353.80

参数解释：

采用国土资源部土地整治中心对"贵州省土地利用及其土地生态系统服务价值"专项研究时采用的生态价值系数。

参考文献

[1] 周贵荣、王铮：《城市化地区的土地资源核算》，《自然资源》1997年第5期。

[2] 陈红蕊、黄卫果：《编制自然资源资产负债表的意义及探索》，《环境与可持续发展》2015年第1期。

[3] 杨晓慧、崔瑛：《自然资源资产负债表的编制——基于土地资源核算的研究》，《当代经济》2016年第17期。

[4] 申健：《资源资产化管理的理论与实践研究——以国土资源管理为例》，硕士学位论文，安徽农业大学，2007年。

[5] 余珍明、卢静：《对我国土地资产化管理的探讨》，《理论探讨》2002年第2期。

[6] Benedict P. Michael, "The Role of Women in Water Resources Management: The Tanzania Case", *Water Resources Development*, Vol. 14, No. 4, April 2007.

[7] 孔含笑、沈镭、钟帅、曹植：《关于自然资源核算的研究进展与争议问题》，《自然资源学报》2016年第3期。

[8] Wohnan A., "Water Resources Management: International challenge and", *Water Resources Bull*, Vol. 20, No. 5, May 1984.

[9] 傅磊：《财务会计学》，经济学院出版社1995年版。

[10] 刘金平、张国良：《土地资源资产化管理》，《国土与自然资源研究》1995年第4期。

[11] 黄贤金：《江苏省耕地资源价值核算研究》，《江苏社会科学》1999年第4期。

[12] 曹志宏、郝晋珉、梁流涛:《黄淮海地区耕地资源价值核算》,《干旱区资源与环境》2009 年第 9 期。

[13] 诸培新、卜婷婷、吴正廷:《基于耕地综合价值的土地征收补偿标准研究》,《中国人口·资源与环境》2011 年第 9 期。

[14] 张效军、欧名豪、高艳梅:《耕地保护区域补偿机制之价值标准探讨》,《中国人口·资源与环境》2008 年第 5 期。

[15] 胡蓉、邱道持、谢德体等:《我国耕地资源的资产价值核算研究》,《西南大学学报》(自然科学版) 2013 年第 11 期。

[16] 薛智超、闫慧敏、杨艳昭等:《自然资源资产负债表编制中土地资源核算体系设计与实证》,《资源科学》2015 年第 9 期。

[17] 朱学义:《论产权理论与企业效益分配》,《中国劳动科学》1995 年第 11 期。

[18] 沈振宇、朱学义:《国有矿产资源总价值计量模型》,《内蒙古煤炭经济》2000 年第 3 期。

[19] Dinar A., "Water Allocation Mechanisms: Readings of the WRM Coursed", Washington: The World Bank, 1998.

[20] 朱学义:《论矿产资源权益价值理论》,《中国地质矿产经济》1998 年第 12 期。

[21] Cecilia Tortajada, "Contribution of Women to the Planning and Management of Water Resources in Latin Ameriea", *Water Resources Development*, Vol. 14, No. 4, April 1998.

[22] 丁丁、周冏:《自然资源核算账户研究报告》,《经济研究参考》2007 年第 34 期。

[23] Alfsen K. H. Greaker M., "From Natural Resources and Environmental Accounting to Construction of Indicators for Sustainable Development", *Ecological Economics*, Vol. 61, No. 4, April 2007.

[24] 徐渤海:《中国环境经济核算体系(CSEEA)研究》,博士学位论文,中国社会科学院研究生院,2012 年。

[25] Kermana M. Peltola T., "How does Natural Resource Accounting

Become Powerful in Policymaking? A Case Study of Changing Calculative Frames in Local Energy Policy in Finland", *Ecological Economics*, Vol. 80, No. 5, April 2012.

［26］王永瑜：《环境经济综合核算问题研究》，博士学位论文，厦门大学，2006年。

［27］李金昌：《资源核算论》，海洋出版社1991年版。

［28］王泽霞、江乾坤：《自然资源资产负债表编制的国际经验与区域策略研究》，《商业会计》2014年第17期。

［29］Edens B. Graveand C., "Experimental Valuation of Dutch Water Resources According to SNA and SEEA", *Water Resources and Economics*, No. 7, July 2014.

［30］张建华：《环境经济综合核算问题研究》，博士学位论文，厦门大学，2002年。

［31］Holub H. W. Tappeiner G., "Tappeiner U. Some Remarks on the 'System of Integrated Environmental and EconomicAccounting' of the United Nations", *Ecological Economics*, Vol. 29, No. 3, March 1999.

［32］Burritt R. L. Saka C., "Environmental Management Accounting Applications and Ecoefficiency: Case Studies from Japan", *Journal of Cleaner Production*, Vol. 14, No. 14, July 2006.

［33］耿建新、张宏亮：《资源开采企业的自然资源耗减估价理论框架》，《经济管理》2006年第15期。

［34］王德发：《综合环境与经济核算体系》，《财经研究》2004年第5期。

［35］Hambira W. L., "Natural Resources Accounting: A Tool for Water Resources Management in Botswana", *Physics and Chemistry of the Earth*, No. 32, November 2007.

［36］Jasch C., "Environmental Management Accounting—Procedures and Principles", New York: United Nations, 2001.

[37] Walker B. H. Pearson L.,"Aresilience Perspective of the SEEA", *Ecological Economics*, Vol. 61, No. 4, April 2007.

[38] Smith R.,"Development of the SEEA. 2003 and its Implementation", *Ecological Economics*, Vol. 61, No. 4, April 2007.

[39] David Pearce,"Valuing Natural Resources and the Implications for Land and Water Management", *Resources Policy*, No. 12, December 1987.

[40] Erin O. Sills Jill L.,"Caviglia – Harris. Evolution of the Amazonian Frontier: Land Values in Rondônia", *Brazil*, No. 1, Janurary 2009.

[41] Doron Lavee,"Land Use for Transport Projects: Estimating Land Value", *Land Use Policy*, No. 6, June 2015.

[42] 王艳龙:《中国西部地区矿产资源资本化研究》,博士学位论文,北京邮电大学,2012年。

[43] 王金南、蒋洪强、曹东、於方:《中国绿色国民经济核算体系的构建研究》,《世界科技研究与发展》2005年第4期。

[44] 许宪春:《论中国国民经济核算体系2015年的修订》,《中国社会科学》2016年第1期。

[45] 许宪春、彭志龙、吕峰、魏媛媛:《SNA的修订与中国国民经济核算体系改革》,《统计研究》2013年第12期。

[46] 杨猛兴:《人口、资源环境、经济与社会协调发展研究》,硕士学位论文,西南财经大学,2014年。

[47] 赵兴国、潘玉君、赵波等:《区域资源环境与经济发展关系的时空分析》,《地理科学进展》2011年第6期。

[48] 邓伟:《山区资源环境承载力研究现状与关键问题》,《地理研究》2010年第6期。

[49] 彭斯震、孙新章:《全球可持续发展报告:背景、进展与有关建议》,《中国人口·资源与环境》2014年第12期。

[50] 李天星:《国内外可持续发展指标体系研究进展》,《生态环

境学报》2013 年第 6 期。

[51] 牛文元：《中国可持续发展的理论与实践》，《中国科学院院刊》2012 年第 3 期。

[52] 王菲：《资源型城市可持续发展指标体系构建及综合评价研究》，硕士学位论文，大庆石油学院，2006 年。

[53] 张耀辉：《海南省资源环境基础研究》，中国环境科学出版社 2010 年版。

[54] 钟世坚：《区域资源环境与经济协调发展研究——以珠海市为例》，博士学位论文，吉林大学，2013 年。

[55] 郑士科：《池州市资源环境安全评价系统的设计与实现》，硕士学位论文，广西师范学院，2013 年。

[56] 蔡婧、黄继山：《绿色 GDP 核算体系研究》，《中国城市经济》2011 年第 2 期。

[57] 孙晓明：《关于绿色 GDP 理论和实践的思考》，硕士学位论文，广西大学，2008 年。

[58] 赵婕：《中国绿色 GDP 核算体系基本框架及其分析》，硕士学位论文，东北财经大学，2007 年。

[59] 吴优：《国民经济核算的新领域——绿色 GDP 核算》，《中国统计》2004 年第 6 期。

[60] 李伟、劳川奇：《绿色 GDP 核算的国际实践与启示》，《生态经济》2006 年第 9 期。

[61] 杨多贵、周志田：《"绿色 GDP"核算的国际背景及中国实践进展》，《软科学》2005 年第 5 期。

[62] 石峰：《关于绿色 GDP 核算的几点思考》，《生态经济》2005 年第 3 期。

[63] Rosenthal R. W., "External Economies and Cores", *Journal of Economic Theory*, Vol. 3, No. 2, Febrary 2007.

[64] Nordhaus W. D. Tobin J., "Is Growth Obsolete?", New York: Columbia University Press for NBER, 1972.

[65] Repetto R. Magrath W. , "Wasting Assets: Natural Resources in the National Income Accounts", Washington DC: World Resources Institute, 1989.

[66] Daly H. E. Cobb J. B. , "For the Common Good: Redirecting the Economy Toward Community", Boston: Beacon Press, 1989.

[67] UN EU FAO et al. , "Integrated Environmental and Economic Accounting", New York: United Nations, 2003.

[68] 王树林、李静江:《绿色 GDP——国民经济核算体系改革大趋势》,东方出版社 2001 年版。

[69] Gerlagh R. Dellink R. Hofkes M. et al. , "Ameasure of Sustainable National Income for the Netherlands", *Ecological Economics*, Vol. 41, No. 1, Febrary 2002.

[70] 吴优:《挪威和芬兰的资源环境核算》,《中国统计》1998 年第 5 期。

[71] 孔繁文、高岚:《挪威的自然资源与环境核算》,《林业经济》1991 年第 4 期。

[72] 孔繁文、戴广翠:《瑞典、芬兰森林资源与环境核算考察报告》,《林业经济》1995 年第 1 期。

[73] 陈波、杨世忠:《会计理论和制度在自然资源管理中的系统应用——澳大利亚水会计准则研究及其对我国的启示》,《会计研究》2015 年第 2 期。

[74] 刘汗、张岚:《澳大利亚水资源会计核算的经验及启示》,《水利发展研究》2015 年第 5 期。

[75] 姜文来、龚良发:《中国资源核算演变历程问题及展望》,《国土与自然资源研究》1999 年第 4 期。

[76] 曹俊文:《环境与经济综合核算方法研究》,经济管理出版社 2004 年版。

[77] 李金昌、高振刚:《实行资源核算与折旧很有必要》,《经济纵横》1987 年第 7 期。

［78］李金昌：《自然资源核算初探》，中国环境科学出版社 1990 年版。

［79］李金昌：《资源核算及其纳入国民经济核算体系初步研究》，《中国人口·资源与环境》1992 年第 2 期。

［80］国家统计局：《中国国民经济核算体系（2002）》，中国统计出版社 2003 年版。

［81］张建华、林飞：《SNA 与 SEEA 的环境资产比较分析》，《统计与信息论坛》2002 年第 1 期。

［82］Leontief W., "Environmental Repercussions and the Economic Structure: An Input – output Approach", *Review of Economics and Statistics*, Vol. 52, No. 3, March 1970.

［83］雷明、李方：《中国绿色社会核算矩阵编制》，《经济科学》2006 年第 3 期。

［84］杨世忠、曹梅梅：《宏观环境会计核算体系框架构想》，《会计研究》2010 年第 8 期。

［85］郝晓辉：《对自然资源核算的初步分析》，《自然资源》1995 年第 3 期。

［86］丁玲丽：《自然资源核算浅析》，《统计与决策》2005 年第 14 期。

［87］彭武珍：《环境价值核算方法及应用研究》，博士学位论文，浙江工商大学，2013 年。

［88］中华人民共和国国务院办公厅：《编制自然资源资产负债表试点方案》，2015 年 11 月。

［89］耿建新、胡天雨、刘祝君：《我国国家资产负债表与自然资源资产负债表的编制与运用初探——以 SNA—2008 和 SEEA—2012 为线索的分析》，《会计研究》2015 年第 1 期。

［90］胡文龙、史丹：《中国自然资源资产负债表框架体系研究——以 SEEA—2012、SNA—2008 和国家资产负债表为基础的一种思路》，《中国人口·资源与环境》2015 年第 8 期。

[91] 吴优、曹克瑜：《对自然资源与环境核算问题思考》，《统计研究》1998 年第 2 期。

[92] 封志明、杨艳昭、李鹏：《从自然资源核算到自然资源资产负债表编制》，《中国科学院院刊》2014 年第 4 期。

[93] 林忠华：《领导干部自然资源离任审计探讨》，《审计研究》2014 年第 5 期。

[94] 李克强：《坚定不移反对腐败着力建设廉洁政府》，《人民日报》2013 年 3 月 27 日第 1 版。

[95] 李金华：《深化经济责任审计的几点意见》，《中国审计》2001 年第 10 期。

[96] 李凤鸣、韩晓梅：《内部控制理论的历史演进与未来展望》，《审计与经济研究》2001 年第 7 期。

[97] 李凤鸣：《经济责任审计》，北京大学出版社 2001 年版。

[98] 陈李：《官员经济责任离任审计制度研究》，硕士学位论文，湖南师范大学，2015 年。

[99] 呼婷婷：《经济责任审计风险管理》，《财经监督》2009 年第 2 期。

[100] 王文博：《关于经济责任审计的几点认识》，《新会计》2010 年第 6 期。

[101] 李进营：《浅谈国家治理视角下的经济责任审计》，http：//www. audit. gov. cn/。

[102] 蔡春、毕铭悦：《关于自然资源资产离任审计的理论思考》，《审计研究》2014 年 5 月。

[103] 马丽：《体现生态文明要求的干部绩效考核》，《理论视野》2015 年第 9 期。

[104] 徐泓、曲婧：《自然资源资产离任审计的目标、内容和评价指标体系初探》，《审计研究》2012 年第 2 期。

[105] 张宏亮、刘恋、曹丽娟：《自然资源资产离任审计专题研讨会综述》，《审计研究》2014 年第 4 期。

[106] 彭巨水：《对积极稳妥推进自然资源资产离任审计的一点思考》，《中国审计报》2014年5月7日第5版。

[107] 陈波、卜璠琦：《论自然资源资产离任审计的内容与目标》，《会计之友》2014年第36期。

[108] 石晨曦：《基于资源价值核算的土地利用结构优化研究》，硕士学位论文，广西师范学院，2013年。

[109] 张丽君、李茂、刘新卫：《中国土地资源实物量核算浅探》，《国土资源情报》2006年第3期。

[110] 黄贤金：《长江三角洲平原农区耕地资源价值核算研究——以江苏省扬中市为例》，《生态经济》1996年第6期。

[111] 周桂荣、王铮、徐伟宣：《城市化地区的土地资源核算》，《自然资源》1997年第5期。

[112] 冯煜：《榆林市土地退化机理及经济损失动态评价研究》，硕士学位论文，陕西师范大学，2007年。

[113] 李贵春：《农田退化价值损失评估研究》，硕士学位论文，中国农业科学院，2007年。

[114] 王悦：《我国土地资源分类方法比较及价值核算研究》，硕士学位论文，大连海事大学，2008年。

[115] 吕杰：《土地资源环境价值核算研究》，硕士学位论文，昆明理工大学，2011年。

[116] 唐杰：《土地伦理观下土地资源价值测算及价值实现研究》，硕士学位论文，湖南师范大学，2013年。

[117] 时仅：《土地资源价值核算与时空动态研究》，硕士学位论文，西南大学，2016年。

[118] 陈献东：《开展领导干部自然资源资产离任审计的若干思考》，《审计研究》2014年5月。

[119] 钱水祥：《领导干部自然资源资产离任审计研究》，《浙江社会科学》2016年第3期。

[120] 王姝娥、程文琪：《自然资源资产负债表探讨》，《现代工业

经济和信息化》2014年第9期。

[121] 张友棠、刘帅、卢楠：《自然资源资产负债表创建研究》，《财会通讯》2014年第4期。

[122] 耿建新、唐洁珑：《负债、环境负债与自然资源资产负债》，《审计研究》2016年第6期。

[123] 高敏雪：《扩展的自然资源核算：以自然资源资产负债表为重点》，《统计研究》2016年第1期。

[124] 胡文龙、史丹：《中国自然资源资产负债表框架体系研究：以 SEEA—2012、SNA—2008 和国家资产负债表为基础的一种思路》，《中国人口·资源与环境》2015年第8期。

[125] European Commission, "Food and Agriculture Organization, International Monetary Fund, Organization for Economic Cooperation and Development, United Nations, World Bank", System of Environmental-Economic Accounting Central Framework, 2012, [EB/OL]. http://unstats.un.org/unsd/envaccounting/seea Rev/SEEA_CF_Final_en.pdf.

[126] 向书坚、郑瑞坤：《自然资源资产负债表中的负债问题研究》，《统计研究》2016年第12期。

[127] 环境保护部：《生态保护红线划定技术指南》，2015年5月。

[128] 耿建新、王晓琪：《自然资源资产负债表下土地账户编制探索——基于领导干部离任审计的角度》，《审计研究》2014年第5期。

[129] 高志辉：《基于现金流动制的自然资源资产负债表设计初探》，《会计之友》2015年第6期。

[130] 黄溶冰、赵谦：《自然资源核算——从账户到资产负债表：演进与启示》，《财经理论与实践》2015年第1期。

[131] 姚霖、余振国：《自然资源资产负债表基本理论问题管窥》，《管理现代化》2015年第2期。

[132] 黄溶冰、赵谦：《自然资源资产负债表编制与审计的探讨》，

《审计研究》2015年第1期。

[133] 笑雪、宁平：《自然资源资产负债表理论与实践研讨会在京召开》，《会计之友》2015年第10期。

[134] 李伟、陈珂、胡玉可：《对自然资源资产负债表的若干思考》，《农村经济》2015年第6期。

[135] 杨睿宁、杨世忠：《论自然资源资产负债表的平衡关系》，《会计之友》2015年第16期。

[136] 李丰杉：《强化资源环境管理促进生态文明建设——自然资源资产负债表理论与实践研讨会观点综述》，《会计之友》2015年第18期。

[137] 韩梅芳、张琴、王玮：《环境审计、政府激励约束机制与地方经济发展研究——基于自然资源资产负债表的构建》，《财会通讯》2015年第22期。

[138] 封志明、杨艳昭、陈玥：《国家资产负债表研究进展及其对自然资源资产负债表编制的启示》，《资源科学》2015年第9期。

[139] 江东、卓君、付晶莹等：《面向自然资源资产负债表编制的时空数据库建设》，《资源科学》2015年第9期。

[140] 陈玥、杨艳昭、闫慧敏等：《自然资源核算进展及其对自然资源资产负债表编制的启示》，《资源科学》2015年第9期。

[141] 杨海龙、杨艳昭、封志明：《自然资源资产产权制度与自然资源资产负债表编制》，《资源科学》2015年第9期。

[142] 操建华、孙若梅：《自然资源资产负债表的编制框架研究》，《生态经济》2015年第10期。

[143] 肖序、王玉、周志方：《自然资源资产负债表编制框架研究》，《会计之友》2015年第19期。

[144] 杜方：《我国编制和运用自然资源资产负债表初探》，《中国内部审计》2015年第11期。

[145] 向书坚、郑瑞坤：《自然资源资产负债表中的资产范畴问题

研究》,《统计研究》2015 年第 12 期。

[146] 陈艳利、弓锐、赵红云:《自然资源资产负债表编制:理论基础、关键概念、框架设计》,《会计研究》2015 年第 9 期。

[147] 韩冬芳:《自然资源资产负债表编制顶层设计问题研究》,《会计之友》2016 年第 6 期。

[148] 高敏雪:《扩展的自然资源核算——以自然资源资产负债表为重点》,《统计研究》2016 年第 1 期。

[149] 耿国彪:《自然资源资产负债表在内蒙古林业起航——内蒙古森林资源资产负债表编制纪实》,《绿色中国》2016 年第 3 期。

[150] 蒋葵、雷宇羚:《自然资源资产负债表下自然资源资产价值的确定》,《财会月刊》2015 年第 34 期。

[151] 张友棠、刘帅、卢楠:《自然资源资产负债表创建研究》,《财会通讯》2014 年第 10 期。

[152] 耿建新:《我国自然资源资产负债表的编制与运用探讨——基于自然资源资产离任审计的角度》,《中国内部审计》2014 年第 9 期。

[153] 胡文龙、史丹:《中国自然资源资产负债表框架体系研究》,《中国人口·资源与环境》2015 年第 8 期。

[154] 周守华、陶春华:《环境会计:理论综述与启示》,《会计研究》2012 年第 2 期。

[155] 何利:《国内外环境会计研究理论综述》,《天津行政学院学报》2012 年第 6 期。

[156] 杨世忠、曹梅梅:《宏观环境会计核算体系框架构想》,《会计研究》2010 年第 8 期。

[157] 肖莹、谭斌斌、赵妮:《我国环境会计理论体系研究文献综述》,《财会通讯》2009 年第 24 期。

[158] 徐融、陈红:《论环境会计的计量与报告》,《当代财经》2001 年第 3 期。

[159] 王雪：《我国不动产统一登记若干问题研究》，硕士学位论文，安徽大学，2015年。

[160] 施竞男：《我国不动产统一登记制度研究》，硕士学位论文，南京农业大学，2009年。

[161] 朱珍华：《不动产统一登记制度建构新探》，《广西民族大学学报》（哲学社会科学版）2014年第5期。

[162] 曹加尚：《对田东县不动产统一登记工作的思考》，《南方国土资源》2015年第11期。

[163] 成小飞：《我国不动产统一登记制度探析》，硕士学位论文，苏州大学，2014年。

[164] 鞠军：《市级不动产统一登记关键技术研究》，硕士学位论文，中国矿业大学，2015年。

[165] 李宏超、刘洪飞、范文肖：《我国不动产统一登记制度发展现状及意义》，《安徽农业科学》2016年第4期。

[166] 姚霖、余振国：《土地资源资产负债表编制问题管窥》，《财会月刊》2016年第21期。

[167] 黄志凌、姜栋、严金明：《瑞典不动产登记法律制度研究与借鉴》，《中国土地科学》2013年第2期。

[168] 车娜：《如何迎接"统一"到来——不动产登记研讨会述评》，《中国土地》2013年第6期。

[169] 姚霖、余振国：《土地资源资产负债表编制问题管窥》，《财会月刊》2016年第21期。

[170] 熊玲、万大娟、沈晨等：《自然资源资产负债表研究进展及框架结构探讨》，《农村经济与科技》2016年第23期。

[171] 张定祥：《国家土地资源调查监测技术体系建设设想》，《新技术在土地调查中的应用与土地科学技术发展——2005年中国土地学会学术年会论文集》，中国广东佛山，2005年。

[172] 沙晋明、王人潮：《土地资源遥感动态监测技术系统》，《测绘通报》1998年第6期。

[173] 陈建军、雷征：《浅析土地利用规划实施动态监测预警技术》，《中国国土资源经济》2014 年第 8 期。

[174] 彭哲：《浅谈土地资源动态监测与预警》，《科技传播》2011 年第 10 期。

[175] 黄润兴：《日常土地变更调查工作思路与技术方法初探》，《广东土地科学》2016 年第 2 期。

[176] 王哲：《中国不动产登记制度的完善》，《辽宁科技大学学报》2011 年第 1 期。

[177] 何欢乐、姜栋、张鹏：《切实推进中国不动产统一登记的新思路——解决分散登记问题的过渡期方案》，《中国土地科学》2013 年第 7 期。

[178] 成小飞：《我国不动产统一登记制度探析》，硕士学位论文，苏州大学，2014 年。

[179] 施竞男：《我国不动产统一登记制度研究》，硕士学位论文，南京农业大学，2009 年。

[180] 朱珍华：《不动产统一登记制度建构新探》，《广西民族大学学报》（哲学社会科学版）2014 年第 5 期。

[181] 司劲松：《构建我国国土空间规划体系的若干思考》，《宏观经济管理》2015 年第 12 期。

[182] 张衍毓、陈美景：《国土空间系统认知与规划改革构想》，《中国土地科学》2016 年第 2 期。

[183] 杨荫凯、刘洋：《加快构建国家空间规划体系的若干思考》，《宏观经济管理》2011 年第 6 期。

[184] 张丽君：《典型国家国土规划对我国的借鉴与启示》，《国土资源情报》2011 年第 9 期。

[185] 汪秀莲：《我国土地调查制度改革的思路与建议》，《新技术在土地调查中的应用与土地科学技术发展——2005 年中国土地学会学术年会论文集》，中国广东佛山，2005 年。

[186] 任锋：《土地资源调查中的政府管理研究》，硕士学位论文，

长安大学，2013年。

[187] 杨桂珍：《土地调查制度研究》，硕士学位论文，中国海洋大学，2009年。

[188] 毕为正：《浅析完善土地调查制度体系》，《山东省"数字国土"学术交流会论文集》，2007年。